© Roberto Bruno 2024
Nessuna parte di questa pubblicazione può essere riprodotta
senza il permesso scritto dell'autore.

DEDICA

"Dedico questo libro a tutti coloro che cercano il coraggio di scoprire se stessi, perseguire le proprie passioni e costruire una carriera che li renda felici."

Introduzione

Immagina di svegliarti ogni mattina con la voglia di andare al lavoro, di sentirti realizzato e di fare la differenza. Sembra un sogno? Eppure, è possibile. Ognuno di noi ha un potenziale nascosto, talenti e passioni che aspettano solo di essere scoperti. Questo ebook ti accompagnerà in un viaggio alla scoperta di te stesso, guidandoti verso una carriera che ti appassiona e ti permette di esprimere al meglio le tue capacità. mi aiuti a sviluppare questo libro

Pag. 6   **Capitolo 1: Chi sei davvero?**

* Esplora i tuoi valori, interessi e talenti nascosti: Introduzione ai concetti di valori personali, interessi e talenti. Spiega come questi elementi influenzano le scelte di carriera.

* Test e esercizi per autoconoscenza: Test di personalità, esercizi di riflessione e attività pratiche per aiutare a scoprire i punti di forza e debolezze.

Pag. 57   **Capitolo 2: Il mondo delle professioni**

* Scopri le infinite possibilità che il mondo del lavoro offre: Panoramica delle diverse industrie e settori. Opportunità di carriera in ciascuno di essi.

* Analisi dei trend del mercato e delle nuove professioni: Discussione sui trend emergenti nel mercato del lavoro, come la digitalizzazione, l'automazione e le nuove professioni che stanno emergendo.

Pag. 64   **Capitolo 3: Come trovare la tua passione**

* Strategie pratiche per identificare ciò che ti appassiona davvero: Tecniche e metodi per scoprire le proprie passioni, come il journaling, il mind mapping e le interviste informative.

* Esercizi di visualizzazione e brainstorming: Attività guidate per aiutare i lettori a immaginare il loro futuro ideale e a generare idee per possibili carriere.

Pag. 71   **Capitolo 4: Costruisci il tuo percorso ideale**

*Definisci i tuoi obiettivi a breve e lungo termine: Guida su come stabilire obiettivi SMART (Specifici, Misurabili, Achievable, Realistici, Temporizzati).

Pag. 80   **Capitolo 5: Supera le sfide e raggiungi il successo**

* Strategie per gestire lo stress, la paura del fallimento e la procrastinazione: Tecniche di gestione dello stress, consigli per affrontare la paura del fallimento e metodi per superare la procrastinazione.

* Mindset vincente per raggiungere i tuoi obiettivi: Discussione sull'importanza di avere un mindset positivo e resiliente. Storie di successo e citazioni ispiratrici.

Pag. 88   Capitolo 6: Strumenti e risorse utili

*Una raccolta di risorse per approfondire la tua ricerca e costruire la tua carriera: Elenco di libri, siti web, corsi online e strumenti utili per la crescita professionale.

Pag. 96   Come creare un curriculum vitae efficace

*Guida passo-passo per scrivere un CV che catturi l'attenzione dei datori di lavoro.

Pag. 100   Come affrontare un colloquio di lavoro

*Consigli pratici per prepararsi e affrontare con successo un colloquio di lavoro.

Pag. 123   Come Gestire il Networking

*Strategie per Costruire e Mantenere una Rete Professionale

Pag. 126   Come rimanere motivati e raggiungere i propri obiettivi

*Tecniche per mantenere alta la motivazione e raggiungere i propri obiettivi a lungo termine.

Capitolo 1: Chi sei davvero?

Introduzione

Il viaggio verso una carriera che ti appassiona inizia con la conoscenza di te stesso. Spesso ci ritroviamo a seguire percorsi che non rispecchiano le nostre passioni perché non abbiamo esplorato a fondo chi siamo davvero. Questo capitolo ti guiderà nella scoperta dei tuoi valori, interessi e talenti nascosti, fondamentali per scegliere il percorso professionale che ti soddisfa di più.

1.1 *Esplora i tuoi valori personali*

I valori personali sono le convinzioni profonde che guidano le nostre decisioni e azioni. Identificare i tuoi valori ti aiuterà a fare scelte di carriera che rispecchiano chi sei veramente.

Ecco alcuni esempi di valori personali e come possono influenzare le scelte di carriera:

Esempi di Valori Personali

1. Autonomia

Descrizione: Apprezzi la libertà di prendere decisioni e lavorare in modo indipendente.

Influenza sulla carriera: Potresti preferire una carriera ***imprenditoriale, freelance*** o in ruoli che offrono molta flessibilità e autonomia, come ***consulente*** o ***creativo***.

2. Creatività

Descrizione: Dai grande valore all'innovazione e all'espressione artistica.

Influenza sulla carriera: Potresti sentirti più appagato/a in lavori come designer, scrittore/ice, artista, pubblicitario/a o in settori che premiano l'innovazione e la creazione di nuove idee.

3. Stabilità

Descrizione: Valorizzi la sicurezza e la prevedibilità, sia finanziaria che professionale.

Influenza sulla carriera: Carriere con stipendi sicuri e strutture ben definite, come impieghi governativi, bancari o in aziende consolidate, potrebbero essere più adatte a te.

4. Contributo sociale

Descrizione: Vuoi fare la differenza nel mondo e aiutare gli altri.

Influenza sulla carriera: Potresti cercare lavori nel settore no-profit, nell'educazione, nella sanità o in organizzazioni che si dedicano a cause sociali, come assistente sociale, medico o educatore.

5. Innovazione

Descrizione: Ti interessa spingere i limiti del possibile e sperimentare nuove soluzioni.

Influenza sulla carriera: Ruoli in settori tecnologici, ricerca e sviluppo, o start-up potrebbero essere ideali, dove l'innovazione e l'avanguardia sono al centro delle attività.

6. Apprendimento continuo

Descrizione: Il desiderio di crescere, imparare nuove abilità e acquisire conoscenze ti motiva.

Influenza sulla carriera: Potresti eccellere in ruoli accademici, di ricerca, o in settori in costante evoluzione come la tecnologia, dove l'apprendimento è un requisito continuo.

7. Avventura

Descrizione: Cerchi emozioni, nuove esperienze e cambiamenti costanti.

Influenza sulla carriera: Professioni come guida turistica, reporter, fotografo di viaggio o lavori che comportano spostamenti frequenti e novità quotidiane ti potrebbero attrarre.

8. Relazioni personali

Descrizione: Metti al primo posto le connessioni umane e l'importanza dei rapporti interpersonali.

Influenza sulla carriera: Lavori che implicano un'interazione diretta con le persone, come psicologo, **counselor**.

Cosa è un counselor?

*Un **counselor** è un professionista che, attraverso l'ascolto attivo, l'empatia e tecniche specifiche, aiuta le persone a* **comprendere meglio se stesse** *i propri* **pensieri, emozioni e comportamenti.**

Affrontare difficoltà e sfide: *come problemi relazionali, stress, ansia, decisioni difficili.*

Sviluppare risorse personali: *per superare ostacoli e raggiungere i propri obiettivi.*

Migliorare la qualità della propria vita: *attraverso una maggiore consapevolezza e benessere psicologico.*

In sostanza, il counselor è una guida che accompagna le persone in un percorso di crescita personale.

Qual è la differenza tra un Counselor e uno Psicologo?

Ambito di intervento: *Lo psicologo si occupa di una vasta gamma di disturbi mentali e può effettuare diagnosi, mentre il counselor si concentra principalmente sul sostegno e l'accompagnamento delle persone in situazioni di difficoltà, senza necessariamente formulare una diagnosi.*

Formazione: *Entrambi richiedono una formazione specifica, ma* **gli psicologi** *seguono un **percorso di studi più lungo** e approfondito, che li abilita anche alla psicoterapia.*

Quando rivolgersi a un counselor?

Può essere utile rivolgersi a un counselor in diverse situazioni, come:

Difficoltà relazionali: *con il partner, familiari, amici o colleghi.*

Stress e ansia: *legati al lavoro, agli studi o a eventi della vita.*

Decisioni importanti: *che richiedono un supporto per orientarsi al meglio.*

Cambiamenti significativi: *come un lutto, una separazione o un trasferimento.*

Bisogno di migliorare l'autostima e la fiducia in se stessi.

9. Leadership

- ***Descrizione:*** Sei motivato dal guidare, ispirare e influenzare gli altri.

- ***Influenza sulla carriera:*** Potresti mirare a ruoli di management, come dirigente aziendale, project manager o leader di team, dove puoi prendere decisioni importanti e dirigere un gruppo di persone.

10. Equilibrio tra vita e lavoro

- ***Descrizione:*** Cerchi un equilibrio tra il lavoro e la vita personale, senza sacrificare il tempo libero.

- *Influenza sulla carriera:* Potresti preferire lavori con orari flessibili o con una cultura aziendale che promuove il benessere dei dipendenti, come il lavoro da remoto o ruoli part-time.
Ogni persona ha un insieme unico di valori, e comprenderli ti aiuta a costruire una carriera che ti dia soddisfazione a lungo termine.

Attività: Scrivi una lista di cose che per te sono importanti nella vita (es. integrità, libertà, creatività) e rifletti su come questi valori possono influenzare il tuo lavoro ideale.

Esempi di Valori e Influenze sul Lavoro Ideale

1. *Integrità*

- *Descrizione:* L'importanza di agire in modo etico e onesto.

- *Influenza sul lavoro:* Potresti cercare un lavoro in un'organizzazione che promuove l'etica e la trasparenza, come enti no-profit, istituzioni governative o aziende con forti codici etici.

2. Libertà

- *Descrizione:* La preferenza per la flessibilità e l'indipendenza.

- *Influenza sul lavoro:* Carriere come freelance, imprenditore o ruoli che offrono orari flessibili e possibilità di lavorare da remoto potrebbero essere ideali per te.

3. Creatività

- ***Descrizione:*** Il desiderio di esprimere idee innovative e originali.

- ***Influenza sul lavoro:*** Professioni come designer, scrittore, artista, o ruoli in pubblicità e marketing, dove puoi utilizzare e sviluppare la tua creatività, potrebbero soddisfarti.

4. Competenze e Crescita

- ***Descrizione:*** L'importanza di acquisire nuove competenze e crescere professionalmente.

- ***Influenza sul lavoro:*** Carriere che offrono opportunità di formazione continua e sviluppo professionale, come ruoli in aziende con programmi di formazione o nella ricerca e sviluppo, potrebbero essere appropriate.

5. Responsabilità Sociale

- ***Descrizione:*** L'impegno a fare la differenza nella comunità o a livello globale.

- ***Influenza sul lavoro:*** Ruoli in organizzazioni non profit, nel settore della salute pubblica o in aziende con forte impegno verso la sostenibilità e la responsabilità sociale potrebbero essere soddisfacenti.

6. Stabilità e Sicurezza

- ***Descrizione:*** La ricerca di un ambiente lavorativo stabile e sicuro.

- ***Influenza sul lavoro:*** Carriere in settori consolidati come l'amministrazione pubblica, la finanza o grandi aziende con politiche di sicurezza sul lavoro potrebbero essere più adatte.

7. Collaborazione e Teamwork
- ***Descrizione:*** Il valore della cooperazione e del lavoro di squadra.
- ***Influenza sul lavoro:*** Ruoli che implicano lavorare in team, come project manager, coordinatore di team o ruoli in ambiente aziendale collaborativo, potrebbero soddisfare questa esigenza.

8. Innovazione
- ***Descrizione:*** La spinta verso il cambiamento e la novità.
- ***Influenza sul lavoro:*** Lavori in start-up, in settori tecnologici all'avanguardia o in aziende che incoraggiano la sperimentazione e la ricerca di nuove soluzioni possono essere molto appaganti.

9. Benessere e Qualità della Vita
- ***Descrizione:*** L'importanza di un equilibrio sano tra vita professionale e personale.
- ***Influenza sul lavoro:*** Carriere che offrono orari flessibili, possibilità di lavoro remoto e un ambiente che sostiene il benessere dei dipendenti potrebbero essere preferibili.

10. Leadership e Influenza
- ***Descrizione:*** Il desiderio di guidare e ispirare gli altri.

- *Influenza sul lavoro:* Ruoli di management, come dirigente, supervisore o leader di progetto, dove puoi influenzare e guidare un team verso obiettivi comuni, potrebbero essere ideali.

Attività: Riflettendo sui Tuoi Valori

1. *Elenco dei Valori:* Scrivi una lista di valori che sono importanti per te. Ad esempio: integrità, libertà, creatività, responsabilità sociale.

2. *Riflessione:* Per ciascun valore, rifletti su come potrebbe influenzare la tua scelta di carriera.

Chiediti:

- *Come posso trovare un lavoro che rispecchi questi valori?*
- *Quali settori o ruoli professionali sono più allineati con questi valori?*
- *Come questi valori influenzano le mie preferenze lavorative e le mie aspettative professionali?*

3. *Esempio di Applicazione:* Immagina un giorno lavorativo ideale che incorpora i tuoi valori principali e scrivi una breve descrizione di come potrebbe essere. Questo esercizio ti aiuterà a visualizzare il tipo di carriera che meglio rispecchia chi sei.

1.2 Scopri i tuoi interessi

Gli interessi sono ciò che ti appassiona e ti stimola. Spesso sono indicatori delle aree professionali in cui potresti eccellere e trovare soddisfazione.

Attività: *Rispondi a queste domande*:
- *Quali attività ti fanno perdere la cognizione del tempo?*
- *Di cosa ti piace parlare o leggere nel tuo tempo libero?*
- *In quali ambiti ti senti più coinvolto o motivato?*

1.3 Individua i tuoi talenti nascosti

Ognuno di noi ha talenti naturali che, se scoperti e coltivati, possono diventare il punto di forza della propria carriera.
I tuoi talenti possono non essere immediatamente evidenti, ma riflettendo su ciò che fai con facilità potresti identificarli.

Attività:
- Chiedi a persone vicine quali abilità vedono in te.
- Ricorda i momenti in cui hai ricevuto complimenti per un lavoro ben fatto.
- Fai una lista di abilità o competenze che ti viene naturale utilizzare, come il ***problem solving,*** la creatività o l'organizzazione.

1.4 Test e esercizi per l'autoconoscenza
1. *Test di Personalità*
Test del MBTI (Myers-Briggs Type Indicator)
- ***Descrizione:*** Il **MBTI** è uno strumento che identifica il tipo di personalità del lettore in base a quattro coppie di preferenze:

Estroversione vs. Introversione, Sensazione vs. Intuizione, Pensiero vs. Sentimento, e Giudizio vs. Percezione.

- Esercizio: Panoramica delle 16 Tipologie di Personalità MBTI

Il *Myers-Briggs Type Indicator (MBTI)* classifica le persone in 16 tipi di personalità combinando quattro coppie di preferenze:

1. Estroversione (E) vs. Introversione (I)

- Estroversione (E): Preferisce l'interazione sociale e l'attività esterna. Tende a sentirsi energico quando sta con altre persone.

- Introversione (I): Preferisce la riflessione e le attività solitarie. Tende a sentirsi ricaricato dopo il tempo trascorso da solo.

2. Sensazione (S) vs. Intuizione (N)

- Sensazione (S): Si concentra su informazioni concrete e dettagliate, preferendo fatti e esperienze concrete.

- Intuizione (N): Si concentra su idee, concetti e possibilità future, preferendo pensare in termini di grandi schemi e intuizioni.

3. Pensiero (T) vs. Sentimento (F)

- Pensiero (T): Preferisce prendere decisioni basate su logica e analisi oggettiva.

- Sentimento (F): Preferisce prendere decisioni basate sui valori personali e l'impatto sugli altri.

4. Giudizio (J) vs. Percezione (P)

- *Giudizio (J):* Preferisce un approccio organizzato e pianificato. Tende a preferire la chiarezza e la struttura.

- *Percezione (P):* Preferisce un approccio flessibile e spontaneo. Tende a mantenere le opzioni aperte e ad adattarsi alle circostanze.

Combinando queste preferenze, si ottengono 16 tipi di personalità:

1. ISTJ (Introversione, Sensazione, Pensiero, Giudizio)
- *Caratteristiche:* Affidabili, organizzati, pratici.
- *Professioni Ideali:* Contabile, ingegnere, amministratore.

2. ISFJ (Introversione, Sensazione, Sentimento, Giudizio)
- *Caratteristiche:* Attenti ai dettagli, protettivi, altruisti.
- *Professioni Ideali:* Infermiere, insegnante, assistente sociale.

3. INFJ (Introversione, Intuizione, Sentimento, Giudizio)
- *Caratteristiche:* Idealisti, empatici, visionari.
- *Professioni Ideali:* Psicologo, consulente, scrittore.

4. INTJ (Introversione, Intuizione, Pensiero, Giudizio)
- *Caratteristiche:* Strategici, indipendenti, determinati.
- **Professioni Ideali:** Scienziato, analista, pianificatore.

5. ISTP (Introversione, Sensazione, Pensiero, Percezione)
- *Caratteristiche:* Pratici, adattabili, risolutivi.

- *Professioni Ideali:* Meccanico, detective, ingegnere.

6. ISFP (Introversione, Sensazione, Sentimento, Percezione)
- *Caratteristiche:* Creativi, sensibili, spontanei.
- *Professioni Ideali:* Artista, designer, lavoratore sociale.

7. INFP (Introversione, Intuizione, Sentimento, Percezione)
- *Caratteristiche:* Idealisti, riflessivi, empatici.
- *Professioni Ideali:* Scrittore, terapeuta, educatore.

8. INTP (Introversione, Intuizione, Pensiero, Percezione)
- *Caratteristiche:* Analitici, curiosi, indipendenti.
- *Professioni Ideali:* Ricercatore, programmatore, filosofo.

9. ESTP (Estroversione, Sensazione, Pensiero, Percezione)
- *Caratteristiche:* Avventurosi, pratici, energici.
- *Professioni Ideali:* Venditore, imprenditore, atleta.

10. ESFP (Estroversione, Sensazione, Sentimento, Percezione)
- *Caratteristiche:* Entusiasti, socievoli, pratici.
- *Professioni Ideali:* Attore, insegnante, organizzatore di eventi.

11. ENFP (Estroversione, Intuizione, Sentimento, Percezione)
- *Caratteristiche:* Creativi, entusiasti, ispiratori.
- *Professioni Ideali:* Consulente, marketing, coach.

12. ENTP (Estroversione, Intuizione, Pensiero, Percezione)
- *Caratteristiche:* Innovatori, arguti, socievoli.
- *Professioni Ideali:* Imprenditore, avvocato, scrittore.

13. ESTJ (Estroversione, Sensazione, Pensiero, Giudizio)
- *Caratteristiche:* Organizzati, decisi, pratici.

- *Professioni Ideali:* Manager, ufficiale militare, amministratore.

14. ESFJ (Estroversione, Sensazione, Sentimento, Giudizio)

- *Caratteristiche:* Socievoli, altruisti, organizzati.
- *Professioni Ideali:* Insegnante, coordinatore, assistente sociale.

15. ENFJ (Estroversione, Intuizione, Sentimento, Giudizio)

- *Caratteristiche:* Empatici, leader naturali, ispiratori.
- *Professioni Ideali:* Coach, consulente, dirigente.

16. ENTJ (Estroversione, Intuizione, Pensiero, Giudizio)

- *Caratteristiche:* Determinati, strategici, leader.
- *Professioni Ideali:* CEO, manager, consulente strategico.

Come i Risultati Possono Influenzare le Scelte Professionali

- *ISTJ e ESTJ:* Tendono a preferire ambienti di lavoro ben strutturati e organizzati, come ruoli amministrativi o di gestione. Possono eccellere in carriere che richiedono attenzione ai dettagli e affidabilità.
- *ISFJ e ESFJ:* Sono attratti da professioni che coinvolgono l'interazione e il supporto agli altri, come assistenza sanitaria, educazione o servizi sociali.
- *INFJ e ENFJ:* Cercano carriere che permettano di fare una differenza significativa nella vita degli altri, come counselor, educatori o leader di progetti sociali.

- *INTJ e ENTJ:* Preferiscono ruoli che richiedono strategia, pianificazione e leadership, come manager, imprenditori o analisti strategici.

- *ISTP e ESTP:* Si adattano bene a carriere che richiedono problem solving pratico e dinamismo, come ingegneri, venditori o ruoli tecnici.

- *ISFP e ESFP:* Eccellono in carriere creative e sociali, come artisti, designer o organizzatori di eventi.

- *INFP e ENFP:* Trovano soddisfazione in professioni che permettono espressione creativa e interazione con gli altri, come scrittori, artisti o consulenti.

- *INTP e ENTP:* Sono attratti da carriere che stimolano la curiosità e l'innovazione, come ricerca, sviluppo tecnologico o imprenditoria.

Domande per Identificare il Proprio Tipo di Personalità:

1. Quando hai bisogno di recuperare energia, cosa preferisci fare?

- *Socializzare con gli altri (Estroversione)*
- *Passare del tempo da solo (Introversione)*

2. Quando affronti un problema, preferisci concentrarti su:

- *Fatti concreti e dettagli (Sensazione)*
- *Idee e possibilità future (Intuizione)*

3. Quando prendi decisioni, ti orienti di più verso:

- *Logica e analisi oggettiva (Pensiero)*
- *Emozioni e valori personali (Sentimento)*

4. Come preferisci organizzare il tuo lavoro?
- *Con un piano ben definito e scadenze chiare (Giudizio)*
- *Con flessibilità e apertura alle nuove opportunità (Percezione)*

5. Quando lavori su un progetto, ti senti più motivato da:
- *Strutture e procedure ben definite (Giudizio)*
- *Libertà e autonomia (Percezione)*

6. Quando risolvi problemi, preferisci:
- *Metodi pratici e comprovati (Sensazione)*
- *Nuove idee e approcci creativi (Intuizione)*

7. Ti senti più a tuo agio con:
- *Discussioni dettagliate e tecniche (Pensiero)*
- *Considerazioni su come le decisioni influenzano le persone (Sentimento)*

8. Quando hai una scelta da fare, tendi a:
- *Pianificare e prendere
decisioni in anticipo (Giudizio)*
- *Aspettare e adattarti alle circostanze (Percezione)*

Test dei Big Five

- *Descrizione:* Il test dei *Big Five* misura cinque tratti principali della personalità: *Apertura all'esperienza, Coscienziosità, Estroversione, Affabilità e Nevroticismo.*
- *Esercizio*: Descrizione dei Tratti e il Loro Impatto sul Lavoro
Ecco una panoramica dei quattro tratti principali del *MBTI* e come influenzano il modo in cui una persona lavora e interagisce nel contesto professionale:

1. *Estroversione (E) vs. Introversione (I)*

- Estroversione (E):

- *Descrizione:* Le persone estroverse tendono a sentirsi energiche e soddisfatte quando sono circondate da altre persone. Preferiscono interazioni sociali frequenti e traggono ispirazione dall'ambiente esterno.

- *Impatto Professionale:* Preferiscono lavori che coinvolgono team e interazioni frequenti, come vendite, gestione, o ruoli di leadership. Possono eccellere in ambienti dinamici e ad alta energia.

- **Introversione (I):**

- *Descrizione:* Le persone introverse si sentono ricaricate passando tempo da sole e riflettendo internamente. Preferiscono ambienti di lavoro più tranquilli e meno caotici.

- *Impatto Professionale:* Tendono a eccellere in ruoli che richiedono concentrazione e riflessione solitaria, come ricerca, analisi o scrittura. Possono preferire lavorare in ambienti più riservati e organizzati.

2. *Sensazione (S) vs. Intuizione (N)*

- **Sensazione (S):**

- *Descrizione:* Le persone che preferiscono la Sensazione tendono a focalizzarsi sui dettagli concreti e sulle informazioni pratiche. Si concentrano sul presente e sui fatti reali.

- *Impatto Professionale:* Preferiscono compiti che richiedono precisione e attenzione ai dettagli, come contabilità, gestione delle risorse o tecnologie applicate. Sono adatte a ruoli che richiedono un approccio sistematico.

- **Intuizione (N):**

- *Descrizione:* Le persone intuitive si concentrano su concetti astratti e possibilità future. Preferiscono esplorare idee e pensare in termini di grandi schemi.

- *Impatto Professionale:* Tendono a eccellere in ruoli che richiedono creatività e innovazione, come sviluppo di prodotto, strategia o consulenza. Possono preferire ambienti di lavoro dinamici e stimolanti.

3. *Pensiero (T) vs. Sentimento (F)*
- Pensiero (T):
-Descrizione: Le persone orientate al Pensiero prendono decisioni basate sulla logica e sull'analisi oggettiva. Valutano le situazioni in modo critico e analitico.
- Impatto Professionale: Preferiscono ruoli che richiedono capacità analitiche e decisioni basate su dati concreti, come ingegneria, finanza o consulenza. Sono adatte a posizioni che richiedono problem solving e razionalità.
- Sentimento (F):
- *Descrizione:* Le persone orientate al Sentimento prendono decisioni basate sui valori personali e sul benessere degli altri. Tendono a considerare l'impatto delle loro decisioni sugli altri.
- *Impatto Professionale:* Tendono a eccellere in ruoli che richiedono empatia e interazione umana, come assistenza clienti, risorse umane o educazione. Possono preferire ambienti di lavoro che valorizzano il supporto e la collaborazione.

4. *Giudizio (J) vs. Percezione (P)*
- Giudizio (J)

- **Descrizione:** Le persone che preferiscono il Giudizio tendono a pianificare e organizzare le loro attività. Preferiscono strutture e scadenze chiare.

- **Impatto Professionale:** Eccellono in ruoli che richiedono gestione del tempo e organizzazione, come project management, amministrazione o ruoli di leadership. Possono preferire ambienti di lavoro ben strutturati.

- **Percezione (P):**

- **Descrizione:** Le persone orientate alla Percezione preferiscono flessibilità e spontaneità. Tendenzialmente mantengono le opzioni aperte e si adattano ai cambiamenti.

- **Impatto Professionale:** Tendono a eccellere in ruoli che richiedono adattabilità e problem solving in tempo reale, come consulenza, vendite o ruoli creativi. Possono preferire ambienti di lavoro dinamici e fluidi.

Test di Auto-Valutazione Basato su Scala Likert

Ecco un breve test che puoi utilizzare per auto-valutare ciascun tratto su una scala ***Likert*** da 1 a 5, dove 1 indica ***"Fortemente in disaccordo"*** e 5 indica ***"Fortemente d'accordo"***.

1. Estroversione (E) vs. Introversione (I)

Mi sento energico quando interagisco con gruppi di persone.

- *1 - Fortemente in disaccordo*
- *2 - Disaccordo*
- *3 - Neutrale*
- *4 - D'accordo*
- *5 - Fortemente d'accordo*

Preferisco lavorare da solo piuttosto che in gruppo.
- *1 - Fortemente in disaccordo*
- *2 - Disaccordo*
- *3 - Neutrale*
- *4 - D'accordo*
- *5 - Fortemente d'accordo*

2. Sensazione (S) vs. Intuizione (N)

Mi concentro più sui dettagli concreti piuttosto che su concetti astratti.
- *1 - Fortemente in disaccordo*
- *2 - Disaccordo*
- *3 - Neutrale*
- *4 - D'accordo*
- *5 - Fortemente d'accordo*

Mi piace pensare in termini di grandi schemi e possibilità future.
- *1 - Fortemente in disaccordo*

- *2 - Disaccordo*
- *3 - Neutrale*
- *4 - D'accordo*
- *5 - Fortemente d'accordo*

3. Pensiero (T) vs. Sentimento (F)

Prendo decisioni basate su logica e dati oggettivi.

- *1 - Fortemente in disaccordo*
- *2 - Disaccordo*
- *3 - Neutrale*
- *4 - D'accordo*
- *5 - Fortemente d'accordo*

Considero l'impatto delle mie decisioni sugli altri prima di prendere una decisione.

- *1 - Fortemente in disaccordo*
- *2 - Disaccordo*
- *3 - Neutrale*
- *4 - D'accordo*
- *5 - Fortemente d'accordo*

4. Giudizio (J) vs. Percezione (P)

Mi piace avere un piano chiaro e seguire scadenze ben definite.

- *1 - Fortemente in disaccordo*
- *2 - Disaccordo*
- *3 - Neutrale*
- *4 - D'accordo*
- *5 - Fortemente d'accordo*

Preferisco mantenere le opzioni aperte e adattarmi ai cambiamenti.
- *1 - Fortemente in disaccordo*
- *2 - Disaccordo*
- *3 - Neutrale*
- *4 - D'accordo*
- *5 - Fortemente d'accordo*

Questo test ti aiuterà a riflettere su quali tratti potrebbero influenzare il tuo comportamento professionale e le tue preferenze lavorative.

2. Esercizi di Riflessione

Esercizio del Diario di Autoconoscenza
- **Descrizione:** Tenere un diario può aiutare a riflettere su esperienze quotidiane e su come queste influenzano la consapevolezza di sé.

Esercizio: *Diario delle Emozioni e delle Esperienze*

Obiettivo: Scrivere un diario quotidiano per due settimane per esplorare cosa ti rende felice, frustrato o soddisfatto. Questo esercizio ti aiuterà a identificare schemi e preferenze personali che possono guidarti verso una carriera che ti appassiona.

Istruzioni per l'Esercizio:

1. *Preparazione del Diario:*
- ***Materiale Necessario:*** Un quaderno o un'app per prendere appunti sul tuo smartphone o computer.
- ***Impostazione:*** Dedica 10-15 minuti alla fine di ogni giorno per completare il diario. Cerca di farlo nello stesso momento ogni giorno per creare una routine.

2. Struttura del Diario:
- ***Data:*** Inizia ogni voce con la data.
- ***Momenti di Felicità:*** Descrivi brevemente un evento o un'attività che ti ha reso felice o soddisfatto durante il giorno. Cosa ha contribuito a questo sentimento? Chi era presente? Come ti sei sentito?
- ***Momenti di Frustrazione:*** Descrivi un evento o una situazione che ti ha frustrato o deluso. Cosa è successo? Come hai reagito? Cosa avresti potuto fare diversamente?

- *Riflessioni:* Alla fine di ogni voce, scrivi una riflessione su come l'evento o l'attività ha influenzato la tua giornata e cosa hai imparato su te stesso. Può essere utile fare domande come:
- *"Cosa mi ha fatto sentire soddisfatto oggi?"*
- *"Cosa mi ha causato stress o frustrazione?"*
- *"Cosa posso fare per aumentare i momenti di felicità e ridurre quelli di frustrazione?"*

3. Analisi Settimanale:

- Alla fine di ogni settimana, rivedi il tuo diario e cerca schemi nei tuoi sentimenti. Chiediti:
- *"Quali attività o situazioni tendono a farmi sentire più felice o soddisfatto?"*
- *"Quali fattori sono comuni nei momenti di frustrazione?"*
- *"Ci sono temi ricorrenti che emergono dai miei scritti?"*

4. Riflessione Finale:

- Dopo due settimane, riflette su quanto appreso dalle tue osservazioni. Considera:
- *"Cosa mi hanno insegnato questi due settimane su ciò che mi motiva e mi gratifica?"*
- *"Come posso applicare queste intuizioni nella mia carriera o nelle mie scelte professionali?"*
- *"Ci sono aspetti della mia vita professionale attuale che posso modificare per migliorare il mio benessere e la mia soddisfazione?"*

Esempio di Voce del Diario:

- *Data:* **18 Marzo 2024**

- *Momenti di Felicità:* Oggi mi sono sentito felice mentre lavoravo su un progetto di gruppo. La collaborazione con i colleghi è stata stimolante e abbiamo raggiunto un ottimo risultato. Mi è piaciuto molto condividere idee e soluzioni.

- *Momenti di Frustrazione:* Ho trovato frustrante dover gestire una scadenza ravvicinata per un report. Ho avuto poco tempo per completare il lavoro e mi sono sentito sopraffatto.

- *Riflessioni:* Mi rendo conto che mi gratifica molto lavorare in team e collaborare con gli altri, mentre le scadenze strette e il lavoro individuale mi mettono a disagio. Forse dovrei cercare opportunità lavorative che mi permettano di lavorare più spesso in gruppo e gestire meglio il mio tempo.

Questo esercizio ti aiuterà a ottenere una visione più chiara di ciò che ti motiva e ti gratifica, facilitando una scelta professionale più allineata con i tuoi veri interessi e valori.

Esercizio delle 3 Qualità

- *Descrizione:* Identificare tre qualità principali che riconosci in te stesso e riflettere su come queste influenzano la tua vita lavorativa

Esercizio: *Identifica e Utilizza le Tue Qualità Più Forti*

Obiettivo: Riflettere sulle tue qualità più forti e su come queste possono influenzare la tua scelta di carriera. Questo esercizio ti aiuterà a comprendere meglio le tue competenze e come applicarle in ambito professionale.

Istruzioni per l'Esercizio

1. *Identifica le Tue Qualità Più Forti:*

- *Passo 1:* Fai un elenco delle tre qualità che consideri essere le tue più forti. Queste possono includere tratti come la creatività, la capacità di leadership, la resilienza, la capacità di problem-solving, ecc.

- *Passo 2:* Per ogni qualità, scrivi una breve descrizione di cosa significa per te e perché ritieni che sia una delle tue qualità più forti.

2. Descrivi le Situazioni:

- *Passo 1:* Per ciascuna delle tre qualità identificate, rifletti su situazioni specifiche in cui questa qualità si è manifestata. Può trattarsi di esperienze lavorative, progetti personali, o anche situazioni della vita quotidiana.

- *Passo 2:* Descrivi ogni situazione in dettaglio. Rispondi a domande come:

- *"In che contesto si è verificata questa situazione?"*

- *"Quali erano le sfide o gli obiettivi?"*

- *"Come hai utilizzato questa qualità per affrontare la situazione?"*

- *"Qual è stato il risultato?"*

3. Riflessione sulla Carriera:

- **Passo 1:** Considera come queste qualità possono influenzare la tua scelta di carriera. Rifletti su come il tuo lavoro ideale potrebbe sfruttare queste qualità.

- *Passo 2:* Pensa a come queste qualità possono essere un vantaggio nelle tue future opportunità professionali. Chiediti:

- *"In quali tipi di ruoli o settori queste qualità possono essere particolarmente preziose?"*

- *"Come posso mettere in risalto queste qualità nel mio curriculum, durante un colloquio o nel mio lavoro quotidiano?"*

Esempio di Compilazione dell'Esercizio:

1.*Qualità: Creatività- Descrizione:* Mi considero una persona creativa perché mi piace trovare soluzioni innovative ai problemi e pensare fuori dagli schemi.

- *Situazione:* Durante un progetto di marketing per la mia azienda, ho ideato una campagna pubblicitaria originale che ha attirato l'attenzione dei clienti e aumentato le vendite del 20%. Ho utilizzato la mia creatività per sviluppare concetti unici e visivamente accattivanti.

- *Riflessione sulla Carriera:* La mia creatività sarebbe particolarmente utile in ruoli come il design, il marketing o la consulenza strategica. Posso cercare opportunità che mi permettano di utilizzare e sviluppare ulteriormente questa qualità.

2. Qualità: Capacità di Leadership

- *Descrizione:* Ho una forte capacità di leadership, che mi consente di guidare e motivare i team verso obiettivi comuni.

- *Situazione:* Come team leader in un progetto di sviluppo software, ho coordinato il lavoro di diversi membri del team, assicurandomi che tutti rimanessero motivati e concentrati sugli obiettivi del progetto. Il progetto è stato completato con successo e in anticipo rispetto ai tempi previsti.

- *Riflessione sulla Carriera:* La mia capacità di leadership sarebbe ben sfruttata in ruoli di gestione, come manager di progetto o direttore di dipartimento. Dovrei cercare opportunità che mi consentano di guidare e ispirare altri.

3. Qualità: Capacità di Risoluzione dei problemi

- *Descrizione:* Sono abile nel risolvere problemi complessi attraverso l'analisi critica e la generazione di soluzioni pratiche.

- *Situazione:* Durante un incontro di crisi con un cliente, ho analizzato rapidamente i problemi tecnici e ho proposto una soluzione che ha risolto il problema in modo efficace, ristabilendo la fiducia del cliente e prevenendo ulteriori disagi.

- *Riflessione sulla Carriera:* La mia capacità di problem-solving potrebbe essere preziosa in ruoli che richiedono una forte analisi critica e decision-making, come consulente o analista. Dovrei cercare ruoli che mi permettano di utilizzare questa qualità per affrontare sfide e trovare soluzioni.

Questo esercizio ti aiuterà a mettere a fuoco le tue qualità principali e a capire come possono orientare le tue scelte professionali.

3. *Esercizi di Valutazione delle Competenze*

Esercizio della Matrice delle Competenze
- ***Descrizione:*** Valutare le proprie competenze e come queste possono essere applicate a diversi ruoli professionali
Esercizio: *Matrice delle Competenze e dei Ruoli Professionali*
Obiettivo: Creare una matrice per mappare le tue competenze principali e esplorare come queste possono essere applicate o migliorate nei ruoli professionali che ti interessano. Questo esercizio ti aiuterà a identificare le aree in cui le tue competenze possono essere un vantaggio e le competenze che potresti voler sviluppare ulteriormente.

Istruzioni per l'Esercizio:

1. Preparazione della Matrice:

- ***Materiale Necessario:*** Un foglio di carta o un documento digitale per creare una matrice. Puoi utilizzare un foglio di calcolo per una gestione più semplice.

- ***Impostazione:*** Disegna una tabella con due colonne principali: una per le tue competenze e una per i ruoli professionali che ti interessano.

2. Compilazione della Matrice:

- ***Passo 1:*** Elenco delle Competenze

- Scrivi un elenco delle tue competenze principali nella colonna di sinistra. Le competenze possono includere, ma non sono limitate a:

- *Comunicazione*
- *Risoluzione dei problemi*
- *Competenze tecniche (es. programmazione, gestione dei dati)*
- *Leadership*
- *Capacità di lavoro in team*
- *Creatività*
- *Organizzazione*

- *Passo 2: Elenco dei Ruoli Professionali*
- *Nella colonna di destra, elenca i ruoli professionali o le carriere che ti interessano. Alcuni esempi possono essere:* - *Manager di progetto*
- *Analista di dati*

- *Designer grafico*
- *Specialista in marketing*
- *Ingegnere*
- *Consulente*

3. Analisi e Riflessività:

- *Passo 1: Applicazione delle Competenze ai Ruoli*

- Per ogni competenza elencata, rifletti su come essa può essere applicata nei diversi ruoli professionali che hai identificato. Puoi fare delle annotazioni accanto a ciascun ruolo per indicare in che modo la tua competenza è utile o necessaria.

- **Esempio:**

- ***Comunicazione:*** Essenziale per un Manager di progetto per coordinare il team e negoziare con i clienti. Utile anche per un Specialista in marketing per creare campagne pubblicitarie efficaci.

-***Risoluzione dei problemi*** Fondamentale per un Analista di dati per risolvere problemi complessi e trovare intuizioni nei dati. Importante anche per un Ingegnere per affrontare e risolvere sfide tecniche.

- *Passo 2: Identificazione delle Aree di Miglioramento*

- Identifica le competenze che potrebbero essere ulteriormente sviluppate per adattarsi meglio ai ruoli che ti interessano. Ad esempio, se sei interessato a un ruolo di Designer grafico ma non hai competenze avanzate in software di design, questo potrebbe essere un'area da migliorare.

4. Riflessione Finale:

- Rifletti su come le tue competenze si allineano con i ruoli professionali che hai scelto. Considera:

- "Quali competenze sono particolarmente richieste nei ruoli che mi interessano?"

- "In che modo le mie competenze possono darmi un vantaggio competitivo in questi ruoli?"

- "Quali competenze devo sviluppare ulteriormente per raggiungere i miei obiettivi professionali?"

Esempio di Matrice:

Competenze	Ruoli Professionali	Applicazioni delle Competenze
Comunicazione	Maneger di Progetto, Specialista in Marketing	Coordinazione, negoziazione, creazione campagne pubblicitarie
Problem Solving	Analista di dati, Ingegnere	Risoluzione problemi complessi, analisi dati, affrontare sfide tecniche
Competenze tecniche	Ingegnere, Designer grafico	Lavoro tecnico, progettazione, utilizzo software di design
Leadership	Maneger di progetto, Consulente	Guida de team, gestione progetti, influenza decisioni clienti

Questo esercizio ti aiuterà a visualizzare come le tue competenze possono essere utilizzate nei ruoli che ti interessano e a identificare le aree in cui puoi migliorare.

Esercizio: Analisi SWOT Personale

Descrizione: L'analisi **SWOT** è uno strumento strategico che aiuta a valutare le tue forze, debolezze, opportunità e minacce in modo da ottenere una visione chiara delle tue risorse e delle sfide che potresti affrontare. Questo esercizio ti guiderà nel riflettere su questi aspetti e nel pianificare come sfruttare al meglio le tue potenzialità per raggiungere i tuoi obiettivi professionali e personali.

Istruzioni per l'Esercizio:
1. Preparazione della Matrice SWOT:
- *Materiale Necessario:* Un foglio di carta o un documento digitale. Puoi utilizzare un foglio di calcolo per una gestione più semplice.
- *Impostazione:* Disegna una tabella divisa in quattro sezioni: Forze, Debolezze, Opportunità e Minacce. Ogni sezione rappresenta uno degli aspetti dell'analisi SWOT.
2. Compilazione della Matrice SWOT:
- *Forze (Strengths):*

- *Passo 1:* Rifletti sui tuoi punti di forza personali e professionali. Cosa fai bene? Quali competenze, risorse o qualità hai che ti danno un vantaggio?

- *Passo 2:* Scrivi questi punti nella sezione "Forze" della matrice. Esempi possono includere abilità specifiche, esperienze, riconoscimenti, o tratti caratteriali positivi.

- *Esempio:* Esperienza pluriennale in gestione progetti, ottime competenze comunicative, e forte capacità di problem-solving.

- *Debolezze :*

- *Passo 1:* Identifica le aree in cui potresti migliorare. Quali sono i tuoi punti deboli? Cosa ti impedisce di raggiungere i tuoi obiettivi?

- *Passo 2:* Annota questi aspetti nella sezione "Debolezze". Possono includere mancanza di esperienza in certe aree, competenze insufficienti, o sfide personali.

- *Esempio:* Mancanza di esperienza in tecnologie recenti, difficoltà nella gestione del tempo, e tendenza alla procrastinazione.

- *Opportunità :*

- **Passo 1:** Considera le opportunità che puoi sfruttare per crescere e migliorare. Quali trend di mercato, cambiamenti o risorse possono aiutarti a raggiungere i tuoi obiettivi?

- **Passo 2:** Elenca queste opportunità nella sezione "Opportunità". Questo potrebbe includere nuove tendenze nel tuo settore, corsi di formazione disponibili, o reti professionali da esplorare.
- **Esempio:** Crescita della domanda di competenze digitali, opportunità di networking attraverso eventi di settore, e accesso a corsi di aggiornamento online.

- *Minacce :*
- **Passo 1:** Identifica le minacce o le sfide che potrebbero ostacolare il tuo progresso. Quali fattori esterni possono influenzare negativamente il tuo percorso?
- **Passo 2:** Scrivi queste minacce nella sezione "Minacce". Possono includere condizioni economiche avverse, competizione crescente, o cambiamenti normativi nel tuo campo.
- **Esempio:** Instabilità economica del settore, elevata concorrenza per posizioni di alto livello, e cambiamenti rapidi nelle tecnologie utilizzate.

3. Riflessione e Pianificazione:

- **Passo 1:** Esamina la tua matrice SWOT e riflettendo su come puoi utilizzare i tuoi punti di forza per affrontare le tue debolezze e sfruttare le opportunità.

- **Passo 2:** Pensa a strategie per mitigare le minacce. Ad esempio, potresti cercare di acquisire nuove competenze per superare le debolezze o prepararti per affrontare la concorrenza crescente.

Esempio di Matrice SWOT:

Forze (Strengths)	Debolezze (Weaknesses)
Esperienza pluriennale nella gestione di progetti	Mancanza di esperienza in tecnologie recenti
Ottime competenze comunicative	Difficoltà nella gestione del tempo
Forte capacità di problem-solving	Tendenza alla procrastinazione

Opportunità (Opportunities)	Minacce (Threats)
Crescita della domanda di competenze digitali	Instabilità economica del settore
Opportunità di networking attraverso eventi di settore	Elevata concorrenza per posizioni di alto livello
Accesso a corsi di aggiornamento online	Cambiamenti rapidi nelle Tecnologie

Questo esercizio ti aiuterà a comprendere meglio le tue risorse e le sfide che affronti, facilitando una pianificazione strategica per il tuo sviluppo personale e professionale.

4. Esercizi di Visualizzazione

Esercizio della Visione Ideale

Descrizione: L'Esercizio della Visione Ideale è un'attività che aiuta a visualizzare il lavoro e la vita professionale che meglio rispecchiano i propri valori e desideri. Immaginare una giornata di lavoro ideale ti permetterà di identificare gli aspetti fondamentali di una carriera che ti soddisfa e ti motiva, aiutandoti a prendere decisioni informate su come orientare la tua carriera verso obiettivi che ti appassionano veramente.

Istruzioni per l'Esercizio:

1. *Preparazione:*

- ***Materiale Necessario:*** Un quaderno o un documento digitale per annotare le tue riflessioni.
- ***Ambiente:*** Trova un luogo tranquillo dove puoi concentrarti senza distrazioni. È utile dedicare almeno 15-30 minuti a questo esercizio.

2. *Immaginazione Guidata:*

- ***Passo 1:*** Chiudi gli occhi e immagina di svegliarti un giorno nella tua vita ideale. Visualizza il tuo ambiente, i tuoi pensieri e le tue emozioni.

- *Passo 2:* Immagina di iniziare la tua giornata di lavoro. Quali sono le prime cose che fai al mattino? Come ti senti mentre ti prepari per il lavoro?

3. Descrizione Dettagliata:

- *Passo 3:* Descrivi in dettaglio la tua giornata di lavoro ideale:

- *Attività:* Cosa stai facendo esattamente? Quali compiti e progetti ti coinvolgono? Sono attività creative, analitiche, strategiche, o pratiche?

- *Ambiente:* Dove lavori? È un ufficio tradizionale, uno spazio di lavoro condiviso, o magari un ambiente remoto? Come è arredato il tuo spazio di lavoro? C'è una particolare atmosfera o stile che prediligi?

- *Colleghi:* Chi ti circonda? Lavori in team, da solo, o con una figura di mentor? Quali sono le caratteristiche delle persone con cui collabori?

- *Interazioni:* Con chi interagisci durante la giornata? Come sono le tue relazioni professionali? Conduci riunioni, lavori a stretto contatto con i clienti, o partecipi a brainstorming di gruppo?

- *Emozioni:* Come ti senti durante la tua giornata ideale? Sei soddisfatto, motivato, stimolato? Quali emozioni predominano durante il lavoro?

4. Riflessione:

- *Passo 4:* Dopo aver descritto la tua giornata ideale, rifletti su quanto segue:

- *Allineamento:* In che misura la tua attuale carriera o le opzioni professionali che stai considerando si allineano con questa visione ideale?

- *Cambiamenti:* Cosa potresti cambiare nella tua situazione attuale per avvicinarti di più alla tua giornata di lavoro ideale?

- *Obiettivi:* Quali obiettivi professionali e personali puoi fissare per realizzare una carriera che rispecchi questa visione?

5. Annotazioni e Pianificazione:

- *Passo 5:* Annotati le tue riflessioni e le intuizioni che hai ottenuto. Usa queste informazioni per guidare le tue decisioni future, come la scelta di un nuovo lavoro, il miglioramento delle competenze, o l'esplorazione di nuove opportunità professionali.

Questo esercizio ti aiuterà a chiarire cosa è veramente importante per te in un lavoro e come puoi strutturare la tua carriera per riflettere questi valori e desideri. Se hai bisogno di ulteriori indicazioni o chiarimenti, sono qui per aiutarti!

Esercizio: Mappa Mentale delle Passioni e Interessi

Descrizione: Creare una mappa mentale delle proprie passioni e interessi è un esercizio che ti aiuterà a visualizzare e organizzare le tue inclinazioni personali e come queste possono tradursi in opportunità professionali. Questo approccio ti permette di esplorare in modo creativo le connessioni tra ciò che ami fare e le carriere che potrebbero soddisfare queste passioni.

Istruzioni per l'Esercizio:

1. Preparazione:

- *Materiale Necessario:* Un foglio di carta grande o un'applicazione di mappa mentale digitale (come XMind, MindMeister o semplicemente un documento di disegno).

- *Ambiente:* Trova un ambiente tranquillo e stimolante dove puoi concentrarti senza distrazioni. Dedica circa 30-60 minuti a questo esercizio.

2. Creazione della Mappa Mentale:

- *Passo 1: Inizia con il Centro:*

- Scrivi "Le Mie Passioni e Interessi" al centro del foglio o della mappa mentale. Questo sarà il tuo punto di partenza.

- *Passo 2: Identifica le Passioni e Interessi:*

- *Elenco:* Pensa alle attività, agli argomenti e alle aree che ti appassionano di più. Questi possono includere hobby, argomenti di studio, competenze, o aspetti della tua vita che trovi particolarmente gratificanti.

- *Collegamenti:* Disegna rami che partono dal centro per ciascuna delle tue passioni o interessi. Etichetta ogni ramo con un'area specifica (ad esempio, "Arte", "Tecnologia", "Viaggi").

- *Passo 3: Espandi le Connessioni:*

- *Sotto-categorie:* Per ogni area principale, crea rami secondari che rappresentano aspetti più specifici o sottocategorie delle tue passioni. Ad esempio, sotto *"Tecnologia"* potresti avere *"Sviluppo Software"*, *"Cybersecurity"* o *"Innovazione"*.
- *Possibili Carriere:* Collega ogni sottocategoria a possibili carriere o ruoli professionali che corrispondono a quella passione. Aggiungi queste carriere come rami terzi. Ad esempio, sotto *"Sviluppo Software"* potresti avere ruoli come *"Sviluppatore Frontend"*, *"Ingegnere di Software"*, o *"Analista di Dati"*.
- *Passo 4: Visualizzazione delle Opportunità:*
- *Esplora le Connessioni:* Osserva come le tue passioni e interessi si collegano a diverse opportunità professionali. Identifica aree in cui c'è una forte corrispondenza tra ciò che ami fare e le carriere che ti attraggono.
- *Prioritizzazione:* Seleziona le aree che ti sembrano più promettenti o alle quali sei più attratto e segnali nella tua mappa mentale.

3. Riflessione e Pianificazione:
- *Passo 5: Rivedi la Tua Mappa:*
- *Analisi:* Analizza la tua mappa mentale per identificare eventuali tendenze o connessioni che non avevi notato prima. Quali aree professionali emergono come particolarmente attraenti?

- *Opportunità di Crescita:* Considera come puoi sviluppare ulteriormente le tue competenze nelle aree che ti interessano di più. Quali passi puoi intraprendere per entrare in queste professioni?

- *Passo 6: Pianificazione delle Prossime Azioni:*
-*Obiettivi:* Definisci obiettivi concreti per esplorare o entrare nei campi professionali che hai identificato. Questo può includere la ricerca di corsi di formazione, stage, o networking con professionisti del settore.

Matrice per Mappa Mentale

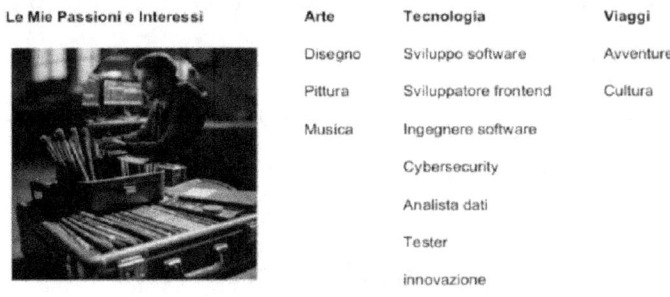

Le Mie Passioni e Interessi	Arte	Tecnologia	Viaggi
	Disegno	Sviluppo software	Avventure
	Pittura	Sviluppatore frontend	Cultura
	Musica	Ingegnere software	
		Cybersecurity	
		Analista dati	
		Tester	
		innovazione	

Questo esercizio ti aiuterà a collegare le tue passioni alle opportunità professionali, chiarendo quale direzione potrebbe essere la migliore per te.

Esercizio 1: *Test dei Valori Personali*

Descrizione: Questo test ti aiuterà a identificare quali valori sono più importanti per te e come questi valori possono influenzare le tue scelte professionali e personali. Classifica i valori seguenti in ordine di importanza per te, dove 1 è il più importante e 8 è il meno importante.

Istruzioni: Assegna un punteggio a ciascun valore e annota le tue risposte. Usa questa classifica per riflettere su come i tuoi valori prioritari influenzano le tue decisioni di carriera e le tue preferenze professionali.

Valori da classificare:
1. *Successo*
2. *Stabilità*
3. *Avventura*
4. *Connessione*
5. *Crescita personale*
6. *Sicurezza*
7. *Libertà*
8. *Innovazione*

Domande del Test:

1. *Successo:* Quanto è importante per te raggiungere risultati significativi e riconoscimenti nella tua carriera e nella tua vita?

2.*Stabilità:* Quanto apprezzi la sicurezza e la prevedibilità nel tuo ambiente di lavoro e nella tua vita quotidiana?

3. *Avventura:* Quanto è importante per te affrontare nuove sfide e vivere esperienze emozionanti e imprevedibili?

4. *Connessione:* Quanto è importante per te costruire relazioni significative e lavorare in un ambiente collaborativo e di supporto?

5. *Crescita personale:* Quanto desideri sviluppare le tue capacità e apprendere continuamente nuove competenze?

6. *Sicurezza:* Quanto è importante per te avere una rete di supporto solida e una base stabile nella tua vita professionale e personale?

7. *Libertà:* Quanto valorizzi la libertà di prendere decisioni autonome e avere controllo sulle tue azioni e sulla tua carriera?

8. *Innovazione:* Quanto è importante per te lavorare su progetti innovativi e contribuire a cambiamenti e progressi significativi?

Esercizio 2: *SWOT Personale*

Descrizione: L'analisi SWOT personale ti permette di fare il punto su chi sei, su cosa hai a disposizione e su quali sfide potresti incontrare. Questa riflessione ti aiuterà a capire meglio come sfruttare i tuoi punti di forza e come affrontare le tue debolezze per raggiungere i tuoi obiettivi professionali e personali.

Istruzioni: Completa la matrice SWOT personale seguendo le domande guida. Riflettere su queste aree ti fornirà una visione chiara delle tue capacità e delle aree di miglioramento.

Matrice SWOT Personale:

1. Forze :
- *Quali sono le tue principali competenze e abilità?*
- *Quali risorse o vantaggi unici hai a disposizione?*
- *Cosa ti distingue dagli altri nel tuo campo professionale?*

Esempi di risposte:
- *Eccellenti capacità di comunicazione*
- *Forte leadership*
- *Esperienza significativa in un settore specifico*

2. Debolezze :
- *Quali sono le tue principali aree di miglioramento?*
- *Quali competenze ti mancano o in quali aree senti di avere difficoltà?*

- Cosa potresti migliorare per essere più efficace nel tuo lavoro?

Esempi di risposte:
- Tendenza a procrastinare
- Mancanza di esperienza in nuove tecnologie
- Difficoltà nel lavoro di squadra

3. Opportunità :
- Quali tendenze o cambiamenti nel tuo settore potrebbero offrire nuove opportunità?
- Ci sono corsi di formazione, reti professionali o altre risorse che potresti sfruttare?
- Come puoi capitalizzare le tue forze per cogliere nuove opportunità?

Esempi di risposte:
- Nuove tendenze tecnologiche nel tuo campo
- Corsi di aggiornamento professionale disponibili
- Espansione della rete professionale tramite eventi di settore

4. Minacce :
Quali fattori esterni potrebbero ostacolare il tuo successo?
- Ci sono cambiamenti nel mercato del lavoro o nella tua industria che potrebbero influenzarti negativamente?

- Quali sfide personali potrebbero impedire il tuo progresso?

Esempi di risposte:
- Concorrenti sempre più qualificati
- Cambiamenti rapidi nella tecnologia che richiedono aggiornamenti continui
- Situazioni personali che richiedono attenzione e tempo

Conclusione:

Utilizza le informazioni ottenute dall'analisi SWOT e dal test dei valori per prendere decisioni informate riguardo alla tua carriera. Comprendere le tue forze e debolezze, così come le opportunità e minacce, ti permetterà di orientare meglio la tua carriera verso un percorso che rispecchi i tuoi valori e aspirazioni personali.

Conclusione del Capitolo:

In questo capitolo, abbiamo esplorato diversi strumenti e tecniche per approfondire la consapevolezza di sé, un passo cruciale nella scelta di una carriera che non solo rispecchi le tue inclinazioni personali, ma che ti offra anche soddisfazione e motivazione nel lungo termine.

Hai appreso:
- *Identificazione dei Valori Personali:* Come i tuoi valori fondamentali influenzano le tue decisioni professionali e ti aiutano a fare scelte che sono in sintonia con chi sei veramente.
- *Test e Esercizi di Autoconoscenza:* Tecniche come il test MBTI e il diario delle emozioni che ti permettono di scoprire e comprendere meglio le tue caratteristiche personali e professionali.
- *Analisi SWOT Personale:* Come valutare le tue forze, debolezze, opportunità e minacce per ottenere una visione chiara delle tue potenzialità e sfide.
- *Visione Ideale:* L'importanza di immaginare una giornata lavorativa ideale per definire gli aspetti fondamentali che desideri nella tua carriera.
- *Mappa Mentale delle Passioni e Interessi:* Come collegare le tue passioni a potenziali opportunità professionali, rendendo visibili le connessioni tra ciò che ami fare e le carriere che potrebbero soddisfarti.

Passi Successivi:

Ora che hai esplorato questi strumenti e riflettuto su te stesso, è il momento di mettere in pratica ciò che hai scoperto. Utilizza queste informazioni per guidare le tue decisioni professionali e per pianificare i prossimi passi nella tua carriera. Considera i seguenti suggerimenti per applicare quanto appreso:

1. *Sviluppa un Piano di Azione:* Basandoti sui tuoi valori, punti di forza e passioni, crea un piano dettagliato per perseguire le carriere che ti interessano. Imposta obiettivi concreti e realistici per raggiungere questi obiettivi.

2. *Esplora Opportunità:* Cerca opportunità di formazione, networking e esperienza pratica nel campo che ti affascina. Parla con professionisti del settore, partecipa a eventi e continua a espandere le tue conoscenze.

3. *Rifletti e Adatta:* La consapevolezza di sé è un processo continuo. Periodicamente, torna a riflettere su quanto hai imparato e su come le tue scelte di carriera si allineano con la tua visione ideale. Non avere paura di adattare il tuo percorso se necessario.

Incoraggio ciascuno di voi a prendere il tempo per riflettere su queste scoperte e a utilizzarle come guida nella costruzione di una carriera che non solo ti offre successo professionale, ma che arricchisce anche la tua vita personale. Ricorda che il percorso verso una carriera soddisfacente è una combinazione di esplorazione, autoconoscenza e azione consapevole.

Nel prossimo capitolo, esploreremo il mondo delle professioni e come identificare le opportunità che si allineano con le tue passioni e competenze. Continua a seguire il tuo viaggio di scoperta e preparati a mettere in pratica le intuizioni che hai acquisito finora.

Capitolo 2: Il mondo delle professioni

Introduzione

Il mondo del lavoro è un universo vasto e in continua evoluzione. Una volta identificati i tuoi valori, interessi e talenti, è fondamentale capire le infinite possibilità che le diverse industrie e settori possono offrire. Scegliere una carriera non è più una questione di adattarsi a un percorso prestabilito, ma di trovare il campo giusto dove poter esprimere al meglio il proprio potenziale. In questo capitolo esploreremo le principali aree professionali e le opportunità che offrono, oltre a discutere i trend emergenti e le nuove professioni in crescita grazie a trasformazioni come la digitalizzazione e l'automazione.

2.1 *Scopri le infinite possibilità del mondo del lavoro*

Il mondo delle professioni è estremamente diversificato, con opportunità che spaziano in settori tradizionali e innovativi. La chiave è conoscere le opzioni disponibili, esplorare industrie che si allineano ai tuoi interessi e identificare il tipo di ambiente in cui ti piacerebbe lavorare. Vediamo una panoramica dei principali settori:

2.1.1 *Settore Tecnologico*

L'industria tecnologica è una delle più dinamiche e in rapida crescita, abbracciando tutto, dall'informatica e l'intelligenza artificiale alla sicurezza informatica e lo sviluppo di software. Le opportunità in questo settore sono vastissime e includono professioni come:

- ***Sviluppatore di software/app:*** crea applicazioni e piattaforme che migliorano la vita quotidiana delle persone o risolvono problemi aziendali.

- ***Ingegnere di Intelligenza Artificiale:*** lavora con algoritmi complessi per costruire sistemi intelligenti in grado di apprendere autonomamente.

- ***Esperto di cybersecurity:*** protegge le infrastrutture digitali dalle minacce informatiche.

Opportunità: È un settore in continua espansione, che richiede abilità di problem-solving, pensiero critico e un costante aggiornamento delle competenze tecniche.

2.1.2 *Settore Sanitario*

La salute è sempre stata al centro della società, e questo settore offre una grande varietà di professioni che spaziano dall'assistenza diretta ai pazienti alla ricerca scientifica:

- *Medico o infermiere:* fornisce assistenza diretta ai pazienti.
- *Ricercatore biomedico:* sviluppa nuove cure e tecnologie mediche.
- *Tecnico di radiologia o laboratorio:* esegue test e analisi diagnostiche cruciali per la salute dei pazienti.

Opportunità: Con l'invecchiamento della popolazione e il costante sviluppo di nuove tecnologie mediche, il settore sanitario è in espansione, con una crescente richiesta di professionisti qualificati.

2.1.3 *Settore Finanziario*

Il mondo della finanza gioca un ruolo cruciale nel sostegno economico delle aziende e delle persone. Alcune delle professioni più popolari in questo settore sono:

- *Analista finanziario:* fornisce consulenza su investimenti e strategie finanziarie.
- *Contabile:* gestisce le finanze aziendali e personali per assicurare una gestione accurata delle risorse.
- *Esperto di fintech:* unisce finanza e tecnologia per creare servizi finanziari innovativi, come le criptovalute e le app di pagamento.

Opportunità: Le innovazioni come le criptovalute, la blockchain e le piattaforme fintech hanno trasformato questo settore, rendendolo sempre più dinamico e tecnologicamente avanzato.

2.1.4 *Settore Creativo e dei Media*

Per chi ha una vena creativa, il mondo dell'arte, dei media e del design offre carriere che permettono di esprimere talento e immaginazione:

- ***Designer grafico:*** crea immagini visive per comunicare idee e messaggi attraverso diversi mezzi.

- ***Produttore di contenuti digitali:*** sviluppa e pubblica contenuti per piattaforme online come YouTube o Instagram.

- ***Scrittore:*** si specializza nella narrativa, saggistica o contenuti di marketing per vari settori.

Opportunità: Con la crescita dei media digitali e dei social network, le professioni creative si stanno evolvendo rapidamente, aprendo nuove opportunità per freelance e imprenditori digitali.

2.1.5 *Settore Educativo*

L'educazione rimane uno dei settori più nobili e importanti, con la possibilità di fare una grande differenza nelle vite delle persone:

- *Insegnante:* guida e ispira gli studenti nel loro percorso educativo.
- *Esperto di e-learning:* crea piattaforme educative digitali che consentono di apprendere a distanza.
- *Coach professionale:* aiuta le persone a sviluppare competenze per migliorare le loro prestazioni lavorative.

Opportunità: Con l'aumento della domanda di formazione online, le professioni legate all'e-learning e alla formazione a distanza stanno vivendo un boom.

2.2 *Analisi dei trend del mercato e delle nuove professioni*

Il mercato del lavoro è in costante evoluzione e negli ultimi anni si sono verificati cambiamenti drastici, accelerati dalla tecnologia e dalle nuove esigenze globali. Vediamo i principali trend che stanno ridefinendo il panorama delle professioni.

2.2.1 *Digitalizzazione*

La digitalizzazione ha trasformato praticamente ogni settore, creando nuove opportunità e professioni. Dal lavoro remoto al commercio elettronico, il mondo è sempre più connesso attraverso piattaforme digitali. Alcune nuove professioni emergenti includono:

- *Specialista in marketing digitale:* gestisce le campagne pubblicitarie online, utilizzando dati per ottimizzare i risultati.

- *Analista di dati:* analizza grandi quantità di dati per trarre conclusioni utili per migliorare le strategie aziendali.
- *Esperto in UX/UI:* si concentra sull'esperienza utente e l'interfaccia di applicazioni digitali.

Impatto: La digitalizzazione ha aumentato la richiesta di competenze tecnologiche in settori che prima non le richiedevano, rendendo cruciale l'aggiornamento continuo delle proprie abilità digitali.

2.2.2 *Automazione e Intelligenza Artificiale (AI)*

L'automazione e l'AI stanno modificando radicalmente il modo in cui lavoriamo, riducendo la necessità di alcune mansioni ripetitive, ma creando nuove professioni più complesse. Alcune delle nuove professioni legate a questa trasformazione includono:
- *Ingegnere di automazione:* progetta e implementa sistemi automatizzati per migliorare l'efficienza aziendale.
- *Specialista in machine learning:* sviluppa algoritmi che consentono alle macchine di apprendere dai dati senza programmazione esplicita.

Impatto: Mentre alcune professioni tradizionali potrebbero scomparire, la domanda di ruoli tecnici e creativi sta aumentando, aprendo opportunità in settori in espansione.

2.2.3 Sostenibilità e Economia Verde

Un altro trend importante è la crescente consapevolezza ambientale e la transizione verso un'economia sostenibile. Questo sta creando nuove professioni in campi come l'energia rinnovabile e la gestione ambientale:

- ***Esperto in energie rinnovabili:*** si occupa dello sviluppo e dell'implementazione di tecnologie energetiche pulite, come il solare e l'eolico.
- ***Consulente di sostenibilità aziendale:*** aiuta le aziende a ridurre il loro impatto ambientale e a sviluppare pratiche sostenibili.

Impatto: Con l'aumento delle normative ambientali e il cambiamento delle aspettative dei consumatori, la sostenibilità è diventata una priorità per molte aziende, creando una richiesta crescente di esperti in questo campo.

Conclusione

Il mondo delle professioni è più ampio e variegato di quanto si possa immaginare, e offre infinite possibilità per chi è disposto a esplorare. Che tu sia interessato alla tecnologia, alla creatività, alla finanza o alla sostenibilità, c'è un settore pronto ad accoglierti. Capire i trend emergenti come la digitalizzazione, l'automazione e la sostenibilità ti aiuterà a fare scelte informate e a prepararti per un futuro lavorativo ricco di opportunità.

Capitolo 3: Come trovare la tua passione

Introduzione

Trovare la propria passione è un viaggio personale e profondo. Molti si trovano a chiedersi quale sia il loro vero scopo nella vita o cosa li renda davvero felici. Questo capitolo è dedicato a fornirti strategie pratiche per identificare ciò che ti appassiona, con l'obiettivo di avvicinarti a una carriera che non solo soddisfi i tuoi bisogni, ma che ti entusiasmi ogni giorno. Esploreremo tecniche utili per scoprire le tue passioni, come il journaling, il mind mapping e le interviste informative, insieme ad esercizi di visualizzazione e brainstorming per aiutarti a immaginare il futuro che desideri.

3.1 *Strategie pratiche per identificare ciò che ti appassiona davvero*

Il primo passo per trovare la tua passione è mettere in pratica alcune tecniche e metodi che ti aiutino a esplorare le tue inclinazioni naturali. Ecco alcuni strumenti che puoi utilizzare per iniziare questo percorso:

3.1.1 *Journaling*

Il *journaling,* o *scrittura di un diario* **personale,** è uno degli strumenti più potenti per esplorare te stesso. Scrivere liberamente le tue riflessioni quotidiane ti permette di mettere in ordine i tuoi pensieri e di notare schemi e interessi ricorrenti. Può aiutarti a identificare attività, situazioni o persone che ti rendono felice o ti ispirano.

Come fare journaling per trovare la tua passione:
- Dedica ogni giorno 10-15 minuti alla scrittura libera, concentrandoti sulle tue emozioni e su ciò che ti ha dato energia o ti ha lasciato insoddisfatto.
- Focalizzati su esperienze passate che ti hanno fatto sentire realizzato o entusiasta.
- *Chiediti*: "In quali momenti mi sento completamente immerso e felice?" oppure "Cosa faresti anche se non venissi pagato?"

Col tempo, rileggendo le tue riflessioni, potresti notare dei temi comuni che ti guideranno verso le tue passioni.

3.1.3 *Interviste informative*

Un altro metodo efficace per esplorare le tue passioni è parlare direttamente con persone che lavorano in settori che ti incuriosiscono. Le interviste informative ti permettono di conoscere meglio diverse professioni e di capire se un certo campo potrebbe appassionarti.

***Come condurre un'intervista informativa:*__
- *Identifica persone che lavorano in ambiti di tuo interesse (puoi trovarle su LinkedIn o tramite il tuo network personale).
- *Chiedi loro se sarebbero disponibili a parlare del loro lavoro, delle sfide e delle soddisfazioni che incontrano.
- *Durante l'intervista, poni domande come: "Cosa ti appassiona di più del tuo lavoro?", "Quali competenze o talenti sono necessari?" e "Come hai scoperto la tua passione per questo settore?"

Questo ti darà un'idea reale e tangibile di come potrebbe essere lavorare in quei campi e se potrebbero allinearsi con i tuoi interessi e valori.

3.2 Esercizi di visualizzazione e brainstorming

Oltre a tecniche pratiche come journaling o interviste, esercizi di visualizzazione e brainstorming possono aiutarti a immaginare il tuo futuro ideale e a generare idee per una carriera che ti appassiona.

Il brainstorming è una tecnica creativa in cui si generano liberamente idee su un argomento senza giudicarle subito, con l'obiettivo di trovare soluzioni o ispirazioni. Aiuta a esplorare molte possibilità e a stimolare l'immaginazione.

3.2.1 Visualizzazione guidata del futuro ideale
La visualizzazione è una tecnica potente che ti permette di "vedere" nella tua mente il futuro che desideri.
È uno strumento particolarmente efficace quando si tratta di capire cosa ti rende felice e dove vorresti essere tra qualche anno.

Esercizio di visualizzazione:
- *Trova un luogo tranquillo e siediti comodamente.
- *Chiudi gli occhi e immagina te stesso tra cinque anni. Dove ti trovi? In quale città o ambiente? Come è organizzata la tua giornata lavorativa?
- *Immagina la tua routine lavorativa: cosa fai ogni giorno? Con chi lavori? Che tipo di progetti segui?
- *Visualizza come ti senti al termine di una giornata di lavoro. Sei soddisfatto, entusiasta, stimolato?

Questo esercizio ti aiuterà a identificare le caratteristiche chiave di una carriera che ti appassionerebbe, come il tipo di ambiente lavorativo, il genere di attività e l'interazione con altre persone.

3.2.2 *Brainstorming delle possibili carriere*

Il brainstorming è una tecnica creativa per generare idee senza limiti. Non devi preoccuparti di quanto siano realistiche le idee che generi in questa fase: l'obiettivo è esplorare tutte le possibili carriere che potrebbero entusiasmarti.

Come fare un brainstorming efficace:

- *Prendi un foglio di carta o apri un documento digitale.
- *Imposta un timer per 10-15 minuti e scrivi tutte le idee di possibili carriere che ti vengono in mente, anche le più stravaganti o insolite.
- *Una volta terminato il tempo, rivedi l'elenco e individua le idee che ti sembrano più intriganti o che risuonano con le tue passioni e abilità.
- *Per ciascuna delle idee più promettenti, chiediti: "Cosa mi attira di questa carriera? Quali valori o interessi personali soddisfa?"

Questa tecnica ti aiuterà a esplorare possibilità che non avevi considerato in precedenza, aprendo la mente a nuovi percorsi professionali.

3.3 *Attività pratiche per identificare le tue passioni*

Ecco alcune attività pratiche che puoi fare per approfondire ulteriormente la ricerca delle tue passioni:

- ***Test delle passioni online:*** Esistono vari test online che possono aiutarti a identificare aree di interesse professionale basate su personalità e preferenze.
- ***Esperimenti di carriera:*** Prova a dedicare del tempo a piccoli progetti o attività volontarie in settori che ti incuriosiscono. Ad esempio, se ti interessa il design, prova a creare un piccolo progetto grafico. Questi esperimenti ti daranno un'idea concreta di ciò che ti piace fare.
- ***Tenere traccia delle emozioni:*** Ogni giorno, fai una lista delle attività che ti hanno dato più energia e soddisfazione, insieme a quelle che ti hanno frustrato o annoiato. Questo ti permetterà di notare modelli e tendenze su ciò che ti entusiasma.

Conclusione

Scoprire la tua passione è un viaggio che richiede tempo, esplorazione e riflessione. Con tecniche come il journaling, il mind mapping e le interviste informative, puoi cominciare a costruire una maggiore consapevolezza di ciò che ti rende felice e realizzato. Gli esercizi di visualizzazione e brainstorming ti aiuteranno poi a immaginare il tuo futuro ideale e a generare idee per possibili carriere. Seguendo questi passi, sarai sulla strada giusta per trovare una carriera che non solo ti appassiona, ma che rispecchia pienamente chi sei e ciò che ami fare.

Capitolo 4: Costruisci il tuo percorso ideale

Introduzione

Una volta scoperta la tua passione e individuato il settore o la professione che ti entusiasma, il passo successivo è costruire un percorso chiaro e concreto per raggiungere i tuoi obiettivi. Definire una visione per il futuro è essenziale, ma per trasformarla in realtà, devi stabilire obiettivi ben strutturati. In questo capitolo, ti guiderò attraverso il processo per definire i tuoi obiettivi a breve e lungo termine, utilizzando il metodo SMART, una delle tecniche più efficaci per impostare e raggiungere i tuoi traguardi.

4.1 *Perché è importante stabilire obiettivi chiari*

Definire obiettivi chiari ti fornisce una direzione e un piano d'azione concreto. Gli obiettivi agiscono come un faro che guida le tue decisioni e ti aiuta a mantenere la motivazione, soprattutto nei momenti di incertezza o difficoltà. Senza obiettivi, è facile perdersi o vagare senza una direzione precisa. Al contrario, con obiettivi ben definiti, puoi misurare i tuoi progressi e adattare il tuo percorso se necessario.

Breve termine vs lungo termine
Gli obiettivi possono essere distinti in:
- *Obiettivi a breve termine:* Sono traguardi più piccoli e raggiungibili entro un periodo breve, solitamente entro pochi mesi o un anno. Questi obiettivi ti permettono di fare progressi graduali e di mantenere alta la motivazione.
- *Obiettivi a lungo termine:* Sono traguardi che richiedono anni per essere raggiunti. Sono legati alla tua visione più ampia e definiscono il risultato finale che vuoi ottenere nel corso della tua carriera o della tua vita personale.

4.2 *Il metodo SMART per stabilire obiettivi*

Il metodo SMART è uno dei più popolari per definire obiettivi chiari ed efficaci. Questa sigla rappresenta cinque criteri che rendono gli obiettivi più raggiungibili e concreti:

- *Specifici :* Un obiettivo vago può confonderti e rendere difficile sapere da dove partire. Gli obiettivi devono essere chiari e dettagliati.

- *Misurabili :* Per capire se stai facendo progressi, devi poter misurare i risultati.

- *Raggiungibile:* L'obiettivo deve essere realistico e fattibile, basato sulle tue risorse e capacità.

- *Realistici :* L'obiettivo deve essere allineato con le tue passioni, valori e desideri.

- *Temporizzati :* Deve esserci una scadenza chiara, che ti dia un orizzonte temporale per raggiungere il traguardo.

4.2.1 *Specifici*

Un obiettivo specifico deve rispondere a domande come: **Chi? Cosa? Dove? Quando? Perché?** Ad esempio, anziché dire *"Voglio migliorare le mie competenze digitali",* un obiettivo specifico potrebbe essere *"Voglio ottenere una certificazione in marketing digitale entro sei mesi".*

Domande utili per rendere specifico un obiettivo:
- *Cosa voglio esattamente ottenere?*
- *Perché è importante per me?*
- *Chi è coinvolto?*
- *Quali risorse o strumenti sono necessari per raggiungerlo?*

4.2.2 *Misurabili*

Rendere un obiettivo misurabile ti permette di monitorare i progressi e valutare se sei sulla strada giusta. In questo modo puoi festeggiare piccoli successi lungo il percorso, che ti aiuteranno a mantenere alta la motivazione.

Ad esempio, un obiettivo misurabile potrebbe essere: ***"Studiare per 2 ore al giorno"*** oppure ***"Completare 5 corsi online nel prossimo trimestre"***.

Domande utili per rendere misurabile un obiettivo:
- Come posso sapere se ho raggiunto il mio obiettivo?
- Quali metriche userò per valutare il successo?

4.2.3 *Raggiungibile*

È importante che gli obiettivi siano realistici e raggiungibili in base alle tue attuali risorse e competenze. Un obiettivo deve essere stimolante ma non impossibile, altrimenti rischi di sentirti frustrato o di abbandonare il tuo percorso.

Ad esempio, se lavori a tempo pieno e hai altri impegni, potrebbe non essere realistico aspettarti di ottenere una laurea in un anno. Un obiettivo più raggiungibile potrebbe essere completare uno o due corsi serali a semestre.

Domande utili per rendere raggiungibile un obiettivo:
- Ho le risorse e le capacità per raggiungere questo obiettivo?
- Se no, quali risorse aggiuntive mi servono?

4.2.4 *Realistici - Rilevanti*

Un obiettivo deve essere allineato ai tuoi valori e alle tue aspirazioni. Deve avere un significato per te e contribuire direttamente al tuo percorso professionale o personale. Se un obiettivo non è *rilevante* per te, perderai facilmente la motivazione.

Ad esempio, se il tuo sogno è lavorare nel design grafico, ottenere una certificazione in contabilità potrebbe non essere *rilevante* per il tuo percorso.

Domande utili per rendere realistico un obiettivo:
- Questo obiettivo è importante per me?
- Come si inserisce nel mio piano di carriera o di vita?

4.2.5 *Temporizzati*

Infine, ogni obiettivo dovrebbe avere una scadenza chiara. Senza una data di termine, rischi di procrastinare. Avere una tempistica ti aiuta a rimanere concentrato e a pianificare meglio i passi necessari per raggiungere il tuo traguardo.

Ad esempio, un obiettivo temporizzato potrebbe essere "Completare un corso di programmazione web entro il termine stabilito".

Domande utili per rendere temporizzato un obiettivo:
- Entro quando voglio raggiungere questo obiettivo?
- Quali tappe intermedie devo completare lungo il percorso?

4.3 Stabilire obiettivi a breve e lungo termine

Ora che hai compreso il metodo SMART, è il momento di mettere in pratica la teoria, stabilendo sia obiettivi a breve termine che a lungo termine.

4.3.1 *Obiettivi a breve termine*

Gli obiettivi a breve termine servono come piccoli passi verso il raggiungimento dei tuoi obiettivi più grandi. Devono essere raggiungibili in pochi mesi o un anno e aiutarti a costruire progressivamente competenze e esperienze necessarie per raggiungere i tuoi traguardi più ambiziosi.

Esempi di obiettivi a breve termine:
- Completare un corso online in un settore di interesse entro tre mesi.

- Creare un portfolio di cinque progetti entro sei mesi.
- Fare networking con almeno cinque professionisti del settore entro un mese.

Questi piccoli passi ti permettono di vedere progressi tangibili nel breve periodo e ti mantengono motivato lungo il percorso.

4.3.2 *Obiettivi a lungo termine*
Gli obiettivi a lungo termine rappresentano la tua visione più ampia e ambiziosa. Questi traguardi richiedono più tempo e pianificazione per essere raggiunti, ma stabilirli ti permette di avere una chiara direzione per il futuro.

Esempi di obiettivi a lungo termine:
- Lavorare come designer freelance a tempo pieno entro cinque anni.
- Ottenere una posizione di leadership nel settore del marketing digitale entro tre anni.
- Avviare la tua attività di consulenza entro dieci anni.

Questi obiettivi ti aiutano a rimanere concentrato sul quadro generale e a valutare come i tuoi obiettivi a breve termine si collegano alla tua visione di lungo termine.

4.4 *Come monitorare i progressi e adattare il percorso*

Una volta stabiliti i tuoi obiettivi SMART, è essenziale monitorare i tuoi progressi e rivedere regolarmente i tuoi traguardi. Ecco alcune strategie per assicurarti di rimanere sulla buona strada:

- ***Controllo periodico:*** Imposta scadenze per verificare regolarmente i tuoi progressi (mensili o trimestrali). Valuta cosa hai realizzato e cosa necessita di aggiustamenti.
- ***Flessibilità:*** Gli obiettivi possono cambiare con il tempo. Se scopri che una direzione non è più adatta a te, non esitare a modificarla. Adatta i tuoi obiettivi man mano che acquisisci nuove esperienze e competenze.
- ***Festeggia i successi:*** Ogni volta che raggiungi un obiettivo, piccolo o grande che sia, prenditi un momento per celebrare. Questo rinforzerà la tua motivazione e ti darà l'energia per affrontare nuove sfide.

Conclusione

In questo modo, sarai in grado di mantenere la motivazione, adattarti alle sfide e celebrare ogni passo avanti. Il metodo SMART ti aiuterà a rimanere focalizzato e a misurare i risultati, rendendo il tuo percorso più strutturato e gratificante. Con impegno e costanza, i tuoi obiettivi si trasformeranno in successi concreti, avvicinandoti sempre di più al raggiungimento del tuo percorso ideale.

Capitolo 5: Supera le sfide e raggiungi il successo

Introduzione

Nel percorso verso la realizzazione dei tuoi obiettivi e la costruzione di una carriera appassionante, inevitabilmente incontrerai sfide. Lo stress, la paura del fallimento e la procrastinazione sono ostacoli comuni, ma superabili, se affrontati con le giuste strategie. In questo capitolo ti fornirò tecniche pratiche per gestire queste difficoltà e ti guiderò nella creazione di una mentalità vincente, essenziale per mantenere la motivazione e il focus. Attraverso storie di successo e citazioni ispiratrici, scoprirai che superare gli ostacoli non è solo possibile, ma può diventare una parte essenziale del tuo cammino verso il successo.

5.1 *Strategie per gestire lo stress, la paura del fallimento e la procrastinazione*

5.1.1 *Come gestire lo stress*

Lo stress è una risposta naturale del corpo a situazioni impegnative. Mentre un po' di stress può persino motivarti, troppo stress può essere paralizzante. La chiave è sviluppare tecniche che ti aiutino a ridurlo e a gestirlo efficacemente.

Strategie pratiche per gestire lo stress:
- **Tecniche di respirazione:** Quando ti senti sopraffatto, prova la respirazione diaframmatica o la ***tecnica del 4-7-8 (inspira per 4 secondi, trattieni per 7 secondi, espira per 8 secondi).*** Questi esercizi calmano il sistema nervoso e riducono immediatamente i livelli di ansia.

- ***Esercizio fisico regolare:*** Attività come yoga, jogging o anche una semplice passeggiata aiutano a liberare endorfine, che migliorano l'umore e riducono lo stress.

- ***Pianificazione e gestione del tempo:*** Organizza le tue attività suddividendo i compiti in piccoli passi gestibili e imposta delle priorità. L'uso di strumenti come to-do list o calendari può aiutarti a evitare di sentirti sopraffatto dal carico di lavoro.

- *Prenditi delle pause:* Brevi pause durante la giornata di lavoro sono fondamentali per ricaricarti e mantenere alta la produttività. Tecniche come il **metodo Pomodoro (25 minuti di lavoro seguiti da 5 minuti di pausa)** possono essere utili.

5.1.2 Affrontare la paura del fallimento

La paura del fallimento è uno degli ostacoli più comuni e può impedirti di prendere iniziative o di provare cose nuove. Tuttavia, il fallimento è una parte inevitabile del processo di apprendimento e crescita. Accettare che fallire non significa fallire come persona, ma piuttosto che si sta imparando, è il primo passo per superare questa paura.

Consigli per superare la paura del fallimento:
- *Riformula il fallimento:* Vedi il fallimento non come un ostacolo, ma come un'opportunità per imparare e migliorare. Ogni errore ti avvicina al successo. **Come diceva Thomas Edison: "Non ho fallito. Ma ho solo trovato 10.000 modi che non funzionano".**

- *Fai piccoli passi:* Suddividi i tuoi obiettivi in traguardi più piccoli e raggiungibili. Questo ti permetterà di ridurre la pressione e di acquisire fiducia man mano che avanzi.

- *Visualizza il successo:* Dedica qualche minuto ogni giorno per immaginare te stesso che raggiungi i tuoi obiettivi. Questa tecnica ti aiuta a concentrarti su ciò che vuoi ottenere piuttosto che su ciò che temi.

- *Accetta l'incertezza:* Nessuno può prevedere con esattezza cosa accadrà in futuro. Imparare a convivere con un certo grado di incertezza ti renderà più resiliente e ti aiuterà a prendere decisioni anche quando non hai il controllo completo.

5.1.3 Superare la procrastinazione

La procrastinazione può sembrare un problema banale, ma può rallentare seriamente il tuo percorso verso il successo. Spesso deriva dalla paura, dall'insicurezza o dal sovraccarico mentale. Superarla significa trovare un equilibrio tra disciplina e benessere mentale.

Metodi pratici per superare la procrastinazione:
- *La tecnica dei 2 minuti:* Se ti senti sopraffatto da un compito, prova a cominciare con qualcosa di molto piccolo che puoi completare in 2 minuti. Una volta iniziato, sarai più propenso a continuare.

- *Suddividi i compiti:* Un obiettivo troppo grande può essere intimidatorio. Suddividi il lavoro in compiti più piccoli e meno spaventosi. Una lista di compiti brevi e realizzabili è più facile da gestire.

- *Rendi i tuoi obiettivi pubblici:* Condividere i tuoi progressi con amici o colleghi può aumentare il tuo senso di responsabilità e spingerti a completare ciò che hai iniziato.

- Usa la regola del *"fai prima il peggio"*: Se hai un compito che non vuoi affrontare, inizia proprio da quello. Una volta superata la difficoltà, tutto il resto sembrerà più facile.

5.2 *Mindset vincente per raggiungere i tuoi obiettivi*

Oltre a superare gli ostacoli pratici, avere un mindset positivo e resiliente è cruciale per il successo a lungo termine. Il modo in cui affronti le sfide e le opportunità determina in gran parte quanto lontano potrai arrivare. Un mindset vincente non si concentra solo sul risultato finale, ma sul processo e sull'apprendimento lungo il cammino.

5.2.1 *Cos'è un mindset vincente?*

Il **mindset vincente** si basa su alcune convinzioni fondamentali:

- *Crescita invece di fissità:* Le persone con un **mindset di crescita** credono che le proprie abilità e intelligenza possano essere sviluppate attraverso lo sforzo, l'apprendimento e la perseveranza. Non vedono le sfide come minacce, ma come opportunità per migliorarsi. Al contrario, chi ha un **mindset fisso** tende a evitare le sfide per paura di fallire.
- *Resilienza:* La capacità di recuperare rapidamente dalle difficoltà è una qualità essenziale per chiunque voglia avere successo. La resilienza ti permette di rialzarti dopo ogni fallimento e di imparare da ogni esperienza.

- *Ottimismo e positività:* Avere un atteggiamento positivo non significa ignorare le difficoltà, ma affrontarle con la convinzione che ogni problema ha una soluzione.

5.2.2 *Come sviluppare un mindset positivo*

Ecco alcune tecniche per sviluppare e mantenere un mindset positivo:
- *Accetta le difficoltà come parte del processo:*
Non c'è crescita senza sfide. Cambia la tua prospettiva e vedi le difficoltà come opportunità per migliorare.

- *Circondati di persone positive:* Le persone con cui trascorri il tuo tempo influenzano il tuo mindset. Cerca di circondarti di persone che ti supportano e ti motivano a crescere.

- *Pratica la gratitudine:* Ogni giorno, dedica del tempo a riflettere su ciò per cui sei grato. Questo ti aiuterà a mantenere una mentalità positiva anche di fronte alle difficoltà.

- *Impara a dire di no:* La capacità di stabilire limiti ti permetterà di concentrarti su ciò che è veramente importante, evitando di disperdere energie in attività che non ti avvicinano ai tuoi obiettivi.

5.2.3 *Storie di successo e citazioni ispiratrici*

Molte persone di successo hanno affrontato sfide simili a quelle che stai vivendo tu. Le loro esperienze dimostrano che il fallimento non è mai la fine, ma piuttosto una tappa del viaggio verso il successo.

Storia di J.K. Rowling: Prima che "Harry Potter" diventasse un fenomeno mondiale, J.K. Rowling ha ricevuto numerosi rifiuti da parte di editori. La sua perseveranza, nonostante le difficoltà, ha alla fine portato alla pubblicazione di uno dei libri più popolari di sempre. Rowling ha detto: "*È impossibile vivere senza fallire in qualcosa, a meno che tu non viva con tanta cautela da non aver vissuto affatto – nel qual caso, hai fallito comunque."*

Citazione ispiratrice di **Michael Jordan:** Jordan è considerato uno dei più grandi giocatori di basket della storia, ma anche lui ha fallito molte volte. Ha detto: *"Ho fallito più e più volte nella mia vita ed è per questo che ho avuto successo."*

Storia di **Elon Musk:** Prima del successo di **Tesla e SpaceX**, Elon Musk ha affrontato numerosi fallimenti finanziari e tecnici. Ha perseverato, credendo fermamente nella sua visione di un futuro sostenibile e tecnologico, dimostrando come la resilienza e la visione a lungo termine siano essenziali per il successo.

Conclusione

Superare le sfide fa parte del percorso verso il successo. Con le giuste strategie per gestire lo stress, la paura del fallimento e la procrastinazione, e sviluppando una mentalità vincente e resiliente, sarai in grado di affrontare qualsiasi ostacolo. Le storie di successo dimostrano che ogni difficoltà può essere trasformata in un'opportunità

Capitolo 6: Strumenti e risorse utili

Introduzione

Nel tuo viaggio verso la costruzione di una carriera appassionante e appagante, avere accesso agli strumenti giusti e alle risorse utili può fare una grande differenza. Che tu stia cercando di migliorare le tue competenze, esplorare nuove opportunità o rimanere aggiornato sui trend del mercato, ci sono molte risorse disponibili per supportarti nel raggiungimento dei tuoi obiettivi. In questo capitolo troverai una raccolta di libri, siti web, corsi online e strumenti utili che possono accompagnarti nel tuo percorso di crescita professionale.

6.1 *Libri per la crescita personale e professionale*

I libri rimangono una delle risorse più preziose per acquisire conoscenze approfondite e nuove prospettive. Ecco una selezione di testi fondamentali per sviluppare le tue competenze, affrontare le sfide del lavoro e costruire una carriera che ti appassioni.

6.1.1 Libri sul mindset e la crescita personale

- *Mindset: Cambiare forma mentis per raggiungere il successo* di **Carol S. Dweck**: Un classico sulla mentalità di crescita, questo libro ti aiuterà a capire come le tue convinzioni influenzano la tua capacità di apprendere e migliorare.
- *The Power of Now di Eckhart Tolle*: Questo libro esplora l'importanza di vivere nel presente e di affrontare le sfide con consapevolezza. Perfetto per chi vuole ridurre lo stress e sviluppare una mentalità positiva.
- *Atomic Habits di James Clear*: Un testo fondamentale per chi vuole migliorare le proprie abitudini quotidiane e raggiungere risultati straordinari attraverso piccoli cambiamenti consistenti nel tempo.

6.1.2 Libri sul successo professionale e leadership

- *Le 7 regole per avere successo di Stephen Covey*: Covey offre un approccio sistematico e basato sui principi per ottenere successo professionale e personale, con focus su produttività, leadership e relazioni interpersonali.
- *Leaders Eat Last di Simon Sinek:* Un libro che esplora la leadership da una prospettiva di servizio, spiegando come creare un ambiente di lavoro in cui le persone possano prosperare.

- *La mucca viola di Seth Godin*: Un classico per chi vuole emergere nel proprio campo. Godin discute l'importanza di essere straordinari e di distinguersi in un mercato affollato.

6.1.3 Libri per esplorare le passioni e scegliere la carriera

- *Trova il tuo perché" di Simon Sinek:* Questo libro ti guiderà attraverso un processo per scoprire il tuo "perché", cioè ciò che ti appassiona veramente, aiutandoti a scegliere una carriera che rifletta i tuoi valori.
- *Designing Your Life di Bill Burnett e Dave Evans:* Utilizzando i principi del design thinking, gli autori ti aiutano a costruire una carriera e una vita che siano significative e soddisfacenti.

6.2 Siti web e piattaforme utili

Il mondo digitale offre un'infinità di risorse per chi desidera migliorare le proprie competenze e esplorare nuove carriere. Ecco alcuni dei siti web più utili per la crescita professionale.

6.2.1 Piattaforme di corsi online

- *Coursera ([coursera.org](https://www.coursera.org))*: Offre corsi online da università e aziende di tutto il mondo su argomenti che spaziano dalla tecnologia alla scienza, fino alle soft skills.

Molti corsi sono gratuiti con la possibilità di ottenere certificati a pagamento.

- *Udemy ([udemy.com](https://www.udemy.com)):* Una piattaforma di corsi online con migliaia di corsi su una vasta gamma di argomenti, inclusi marketing, programmazione, fotografia e crescita personale.

- *LinkedIn Learning ([linkedin.com/learning](https://www.linkedin.com/learning):* Offre corsi professionali focalizzati su competenze tecniche e soft skills essenziali per il mondo del lavoro moderno. La piattaforma è integrata con LinkedIn, il che rende facile mostrare le nuove competenze acquisite sul tuo profilo.

-*edX ([edx.org](https://www.edx.org)):* Una piattaforma di formazione online con corsi offerti da istituzioni prestigiose come Harvard e MIT. Copre argomenti accademici avanzati e competenze professionali.

6.2.2 *Strumenti di networking e opportunità professionali*
- *LinkedIn ([linkedin.com](https://www.linkedin.com)):* Il più grande social network professionale al mondo, ideale per costruire e mantenere relazioni professionali, cercare opportunità di lavoro, e condividere il tuo percorso di carriera.

- *Meetup ([meetup.com](https://www.meetup.com)):* Questa piattaforma ti permette di trovare eventi locali o online dove puoi connetterti con persone che condividono i tuoi interessi, sia per crescere professionalmente che per esplorare nuove passioni.

6.2.3 Piattaforme di lavoro freelance e progetti
- *Fiverr ([fiverr.com](https://www.fiverr.com):* Un mercato globale per freelance, dove puoi offrire o acquistare servizi in aree come design grafico, marketing digitale, scrittura e programmazione.
- **Upwork ([upwork.com](https://www.upwork.com)):** Un'altra piattaforma per freelance che ti permette di lavorare su progetti in tutto il mondo, creando un portafoglio e costruendo una carriera da remoto.

6.3 Corsi e certificazioni per la crescita professionale

L'istruzione continua è essenziale per rimanere competitivi nel mondo del lavoro moderno. Ecco alcune delle migliori opzioni per corsi e certificazioni che possono migliorare il tuo CV e aprire nuove opportunità.

6.3.1 Corsi di competenze tecniche
- *Google Career Certificates (grow.google:* Offerti da Google, questi corsi forniscono certificazioni in campi come IT Support, Project

Management e Data Analysis. Sono molto apprezzati dai datori di lavoro e ti permettono di accedere a lavori in crescita.

-MicrosoftLearn

(docs.microsoft.com/learn): Offre corsi e certificazioni su strumenti e tecnologie Microsoft, come Azure e Power BI, ideali per chi vuole lavorare nel settore IT e della tecnologia.

6.3.2 Corsi di soft skills e leadership

- Dale Carnegie Training

([dalecarnegie.com](https://www.dalecarnegie.com)): Una risorsa per sviluppare competenze di comunicazione, leadership e gestione. I corsi di Dale Carnegie sono noti per migliorare la capacità di costruire relazioni e di gestire efficacemente il lavoro di squadra.

- Toastmasters International

([toastmasters.org](https://www.toastmasters.org)): Un'organizzazione che aiuta a migliorare le abilità di public speaking e leadership attraverso club locali e incontri.

6.4 App e strumenti per la produttività

Oltre ai corsi e alle risorse di apprendimento, ci sono una serie di app e strumenti che possono migliorare la tua produttività, organizzazione e crescita personale.

6.4.1 Strumenti di gestione del tempo e dei progetti

- *Trello (trello.com:* Uno strumento di gestione dei progetti basato su schede visive, perfetto per organizzare il tuo lavoro e tenere traccia dei tuoi progressi in modo semplice e intuitivo.

- *Todoist (todoist.com:* Una delle app per to-do list più popolari, che ti permette di creare elenchi di attività, impostare scadenze e monitorare le tue priorità giornaliere e settimanali.

- *Asana (asana.com:* Un potente strumento per la gestione dei progetti, perfetto per team e freelance che vogliono collaborare e tenere sotto controllo tutte le attività in corso.

6.4.2 Strumenti per la crescita personale

- *Headspace ([headspace.com](https://www.headspace.com):* Un'app per la meditazione che ti aiuta a ridurre lo stress e migliorare il benessere mentale, essenziale per mantenere un mindset positivo e produttivo nel lavoro.

- *Evernote (evernote.com*: Un'app per prendere appunti e organizzare idee. È particolarmente utile per chi lavora su progetti complessi o ha bisogno di uno spazio dove raccogliere pensieri e ispirazione.

Conclusione

Avere accesso agli strumenti e alle risorse giuste è essenziale per costruire una carriera che ti appassiona e ti realizza. Dai libri ispiratori alle piattaforme di apprendimento online, dalle app di produttività ai corsi di formazione, queste risorse ti aiuteranno a crescere professionalmente e a realizzare i tuoi obiettivi. Investire nel tuo apprendimento e nella tua crescita personale non è solo un modo per migliorare le tue competenze, ma anche per scoprire nuove

Come creare un curriculum vitae efficace

Creare un curriculum vitae (CV) efficace è fondamentale per distinguersi nel mercato del lavoro. Ecco una guida passo-passo per scrivere un CV che catturi l'attenzione dei datori di lavoro:

1. Scegli il formato giusto

Esistono diversi formati di CV, ma i più comuni sono:

- *Cronologico:* ideale se hai una solida esperienza lavorativa. Elenca le esperienze più recenti per prime.

- *Funzionale:* concentra l'attenzione sulle competenze piuttosto che sulla cronologia lavorativa, ottimo per chi cambia carriera o ha lacune nel lavoro.

- *Combinato:* unisce i punti di forza del CV cronologico e funzionale.

2. Inserisci le informazioni di contatto

Le informazioni di contatto devono essere chiare e aggiornate:

- *Nome e cognome*

- *Indirizzo email professionale*

- *Numero di telefono*

- *LinkedIn o portfolio (se rilevante)*

Assicurati che siano facili da trovare nella parte superiore del CV.

3. *Scrivi un obiettivo professionale o un profilo personale*

Inizia con un breve paragrafo che descriva chi sei, quali sono i tuoi obiettivi e cosa puoi offrire. Questo è il momento per catturare subito l'attenzione del datore di lavoro.

- *Obiettivo professionale:* evidenzia cosa stai cercando e le tue ambizioni.

- *Profilo personale:* una panoramica delle tue esperienze, competenze chiave e successi.

4. *Descrivi le esperienze lavorative*

Elenca le tue esperienze lavorative in ordine cronologico inverso (la più recente per prima). Per ogni posizione, includi:

- *Titolo della posizione*

- *Nome dell'azienda e località*

- *Periodo di impiego (mese e anno di inizio e fine)*

- *Descrizione delle responsabilità e dei successi (usa frasi brevi e risultati concreti)*

Suggerimenti:

- *Usa verbi d'azione (ad esempio, "gestito", "coordinato", "sviluppato").*

- *Se possibile, quantifica i risultati (ad esempio, "incremento del 20% delle vendite").*

5. *Includi le competenze chiave*

Crea una sezione dedicata alle competenze rilevanti per il lavoro a cui ti candidi. Le competenze possono essere suddivise in:

-Abilità difficili: competenze tecniche specifiche *(es. programmazione, gestione progetti).*

-Competenze trasversali: es. leadership, comunicazione, risoluzione dei problemi (problem-solving).

6. *Aggiungi la formazione accademica*

Includi i tuoi titoli di studio, elencandoli dal più recente al meno recente:

- Nome del titolo (es. Laurea, Master)

- Istituto e città

- Periodo di frequenza

- Eventuali voti, menzioni o riconoscimenti (facoltativo)

7. *Inserisci eventuali certificazioni o corsi di formazione*

Aggiungi qualsiasi certificazione, corso o workshop rilevante per il lavoro che desideri. Questo è particolarmente utile se hai acquisito nuove competenze o se desideri rafforzare quelle esistenti.

8. *Lingue*

Se conosci più lingue, crea una sezione apposita e indica il livello di competenza (madrelingua, avanzato, intermedio, base).

9. *Progetti o esperienze extracurriculari*

Se hai lavorato a progetti personali, volontariato o esperienze extracurriculari, puoi includerli se pertinenti al lavoro a cui ti candidi.

10. *Personalizza il CV per ogni candidatura*

È importante adattare il CV alla posizione per cui ti stai candidando. Rileggi attentamente l'annuncio di lavoro e inserisci parole chiave presenti nella descrizione del lavoro.

11. *Verifica e ottimizza il layout*

- *Usa un design pulito e ordinato con una struttura ben organizzata.*

- *Mantieni il CV su una o due pagine al massimo (se non hai una carriera molto lunga).*

- Usa **bullet points (punti elenco)** per facilitare la lettura e mantenere il focus sugli elementi più importanti.

- *Scegli un font leggibile (ad esempio Arial, Calibri, o Times New Roman).*

12. *Rilettura e revisione*

Prima di inviare il CV, controlla eventuali errori di battitura, grammatica o formattazione. Può essere utile chiedere a qualcun altro di rivederlo.

Seguendo questi passaggi, potrai creare un curriculum vitae ben strutturato e attraente per i datori di lavoro.

Come affrontare un colloquio di lavoro

1.*Informarsi sull'azienda* è un passo cruciale nella preparazione a un colloquio. Conoscere a fondo l'azienda ti permette di dimostrare un genuino interesse e di collegare le tue competenze agli obiettivi dell'organizzazione.

Perché è così importante informarsi sull'azienda?

Dimostra interesse: Mostra al selezionatore che hai dedicato del tempo a conoscere l'azienda e che sei davvero interessato alla posizione.

Permette di personalizzare le risposte: Puoi collegare le tue esperienze e le tue competenze ai progetti e ai valori dell'azienda, rendendo le tue risposte più pertinenti e memorabili.

Aiuta a comprendere la cultura aziendale: Capire i valori e la cultura dell'azienda ti permette di valutare se l'ambiente di lavoro è adatto a te e di prepararti a domande sulla tua compatibilità con l'azienda.

Aumenta la tua sicurezza: Conoscere bene l'azienda ti farà sentire più preparato e sicuro di te durante il colloquio.

Dove trovare le informazioni:

Sito web dell'azienda: Il sito web è la fonte di informazioni più completa sull'azienda. Cerca la sezione "Chi siamo", "La nostra storia", "Valori" e "Carriere".

Profili social: I social media aziendali possono fornire informazioni più informali sulla cultura aziendale e sui progetti in corso.

Notizie e articoli: Cerca notizie recenti sull'azienda su motori di ricerca e siti di news.

LinkedIn: Il profilo LinkedIn dell'azienda può fornire informazioni sui dipendenti, le posizioni aperte e i progetti in corso.

Parlare con ex dipendenti: Se conosci qualcuno che ha lavorato o lavora nell'azienda, chiedi informazioni sulla tua esperienza.

Quali informazioni cercare:

Settore di attività: Qual è il settore in cui opera l'azienda? Quali sono i principali concorrenti?

Mission e vision: Quali sono i valori e gli obiettivi dell'azienda?

Prodotti e servizi: Quali prodotti o servizi offre l'azienda? Quali sono i suoi principali clienti?

Cultura aziendale: Qual è l'ambiente di lavoro? Come vengono valorizzati i dipendenti?

Progetti recenti: Quali sono i progetti più importanti su cui l'azienda sta lavorando?

Sfide e opportunità: Quali sono le principali sfide e opportunità che l'azienda sta affrontando?

Come utilizzare queste informazioni:

Collegare le tue esperienze: Mostra come le tue esperienze lavorative precedenti ti hanno preparato ad affrontare le sfide dell'azienda.

Esprimere interesse: Dimostra che conosci l'azienda e che sei entusiasta delle sue attività.

Porre domande pertinenti: Prepara delle domande che dimostrano il tuo interesse e la tua conoscenza dell'azienda.

Esempio di domanda:

"Ho visto sul vostro sito web che state lanciando un nuovo prodotto nel settore [nome settore]. Come crede che questa iniziativa possa influenzare il ruolo di [ruolo per cui ti candidi]?"

In conclusione, dedicare del tempo a informarti sull'azienda è un investimento che ti permetterà di fare una figura migliore durante il colloquio e di aumentare le tue possibilità di successo.

Negoziazione dello stipendio

Negoziare lo stipendio è una parte delicata ma importante del processo. Ecco come farlo con successo:

- ***Fai ricerche di mercato:*** Informati sullo stipendio medio per la posizione e il settore, usando siti come *Glassdoor o Payscale.*

- *Valuta il pacchetto complessivo:* Considera non solo lo stipendio, ma anche i benefit, le ferie, la flessibilità lavorativa, ecc.

- *Aspetta il momento giusto:* Evita di parlare di stipendio nelle prime fasi del colloquio. Aspetta che l'azienda faccia un'offerta.

- *Comunica il tuo valore:* Spiega come le tue competenze e la tua esperienza apportano valore all'azienda.

- *Non avere paura di chiedere:* Se l'offerta iniziale è bassa, non esitare a fare una controproposta, ma sii sempre educato e professionale.

2. Preparare le risposte alle domande più comuni è un passo fondamentale per affrontare un colloquio con sicurezza e successo. Ecco come puoi sviluppare ulteriormente questo punto:

Preparare le Risposte: La Tua Arma Segreta

Avere delle risposte chiare e concise alle domande più frequenti ti permetterà di affrontare il colloquio con maggiore tranquillità e di trasmettere un'immagine di professionalità e preparazione.

Perché preparare le risposte in anticipo?

Aumenta la fiducia: Sapere già cosa dire ti farà sentire più sicuro di te.

Migliora la comunicazione: Avrai il tempo di organizzare i tuoi pensieri e di esprimere le tue idee in modo chiaro e conciso.

Dimostra interesse: Delle risposte preparate e pertinenti dimostrano che hai a cuore la posizione.

Gestisci l'ansia: Sapere cosa dire ti aiuterà a ridurre il nervosismo.

Quali domande prepararsi?

Oltre alle domande che hai già menzionato, ecco altre domande comuni che potresti incontrare:

Perché dovremmo assumerti? Quali sono i tuoi obiettivi professionali?

Descrivi un tuo successo professionale.

Descrivi una tua sfida professionale.

Come gestisci lo stress?

Come lavori in team?

Qual è il tuo stipendio attuale?

Come preparare le risposte:

Personalizza le risposte: Adatta le tue risposte alla specifica posizione e all'azienda per cui ti candidi.

Sii conciso/a: Evita di dilungarti troppo, vai dritto al punto.

Utilizza esempi concreti: Supporta le tue risposte con esempi specifici tratti dalla tua esperienza.

Metti in evidenza i tuoi punti di forza: Sottolinea le competenze e le esperienze che ti rendono il candidato ideale.

Sii positivo/a: Anche quando parli dei tuoi punti di debolezza, cerca di trasformarli in opportunità di crescita.

Esempio di risposta alla domanda "Parlami di te":

"Sono [tuo nome] e ho [tua età] anni. Ho [numero] anni di esperienza nel settore [settore] e ho lavorato in diverse aziende, tra cui [nome aziende]. Le mie principali competenze sono [elenca le tue competenze principali]. Sono una persona [descrivi le tue caratteristiche personali, ad esempio: motivato/a, proattivo/a, orientato/a ai risultati]. Sono particolarmente interessato/a a questa posizione perché [spiega perché sei interessato alla posizione e all'azienda]".

Consigli aggiuntivi:

Utilizza il metodo STAR: Quando descrivi un'esperienza, utilizza il metodo STAR (Situazione, Task, Azione, Risultato).

Esercitati a voce alta: Prova a rispondere alle domande a voce alta per abituarti a esprimere le tue idee in modo chiaro e fluido.

Chiedi feedback: Chiedi a un amico o un familiare di ascoltarti e di darti un feedback.

In conclusione, preparare le risposte alle domande più comuni è un investimento di tempo che ti porterà grandi benefici. Ti permetterà di affrontare il colloquio con maggiore sicurezza e di aumentare le tue possibilità di successo.

3. Simulare un colloquio è un ottimo modo per prepararsi al meglio e ridurre l'ansia. Ecco come puoi sviluppare ulteriormente questo punto:

Simulare il Colloquio: La Chiave per il Successo

Simulare un colloquio con un amico o un familiare è come fare una prova generale prima di un'esibizione. Ti permette di familiarizzare con la dinamica del colloquio, di mettere alla prova le tue risposte e di ricevere feedback costruttivi.

Perché simulare un colloquio?

Aumenta la fiducia: Simulando il colloquio, ti sentirai più preparato e sicuro di te.

Migliora le tue risposte: Avrai l'opportunità di affinare le tue risposte alle domande più comuni.

Gestisci l'ansia: Simulare un colloquio ti aiuta a superare il nervosismo e a sentirti più a tuo agio.

Ricevi feedback: Un amico o un familiare può darti consigli su come migliorare la tua comunicazione e il tuo linguaggio del corpo.

Come simulare un colloquio:

Scegli la persona giusta: Scegli qualcuno che ti conosca bene e che sia disposto a darti un feedback sincero.

Crea un ambiente realistico: Cerca di ricreare un ambiente simile a quello del colloquio reale.

Prepara le domande: Chiedi al tuo amico o familiare di porti le domande più comuni che potrebbero essere fatte durante un colloquio.

Cronometra il tempo: Simula la durata effettiva del colloquio per abituarti a gestire il tempo.

Chiedi un feedback: Dopo la simulazione, chiedi al tuo amico o familiare di darti un feedback sulle tue performance.

Cosa chiedere durante il feedback:

Come ho comunicato? Sono stato chiaro e conciso?

Come ho gestito il linguaggio del corpo? Ho mantenuto un contatto visivo? Ho parlato con un tono di voce adeguato?

Come ho risposto alle domande? Le mie risposte erano pertinenti e complete?

Che impressione ho dato? Sono sembrato sicuro di me? Motivato?

Consigli aggiuntivi:

Registra la simulazione: Se hai la possibilità, registra la simulazione per rivederla in seguito e analizzare i tuoi punti di forza e di debolezza.

Simula diversi scenari: Prova a rispondere a domande diverse e a situazioni impreviste.

Sii aperto al feedback: Accetta i consigli del tuo amico o familiare con umiltà e cerca di migliorarti.

In conclusione, simulare un colloquio è un esercizio molto utile per prepararsi al meglio. Ti permette di acquisire maggiore sicurezza, di migliorare le tue capacità comunicative e di aumentare le tue possibilità di successo.

4. L'abbigliamento è un elemento fondamentale nel comunicare la tua professionalità durante un colloquio. Ecco come puoi sviluppare questo punto:

L'Abbigliamento: Il Tuo Primo Messaggio

Il modo in cui ti vesti è il tuo primo biglietto da visita. Scegliere un abbigliamento appropriato è un modo per dimostrare rispetto per l'azienda e per il ruolo per cui ti stai candidando.

Perché è importante curare l'aspetto?

Prima impressione: Il modo in cui ti vesti influisce significativamente sulla prima impressione che fai sul selezionatore.

Professionalità: Un abbigliamento curato e adeguato comunica serietà e professionalità.

Congruenza con il ruolo: Scegliendo un outfit appropriato, dimostri di aver compreso le caratteristiche del ruolo e dell'azienda.

Fiducia in te stesso: Vestirsi bene può aumentare la tua autostima e farti sentire più sicuro di te.

Come scegliere l'abbigliamento giusto:

Informati sulla cultura aziendale: Cerca di capire se l'azienda ha un dress code formale o informale.

Considera il ruolo: Scegli un abbigliamento che sia appropriato per la posizione per cui ti candidi.

Opta per un look pulito e ordinato: I vestiti devono essere puliti, stirati e ben abbinati.

Evita eccessi: Non indossare abiti troppo attillati, scollati o troppo casual.

Scegli colori neutri: I colori scuri come il nero, il blu navy o il grigio sono generalmente considerati più professionali.

Consigli aggiuntivi:

Cura i dettagli: Presta attenzione ai dettagli come scarpe pulite, capelli ordinati e unghie curate.

Porta con te una giacca: Potrebbe essere utile avere una giacca per adattarsi a un ambiente più formale.

Evita profumi troppo intensi: Un profumo troppo forte potrebbe infastidire il tuo interlocutore.

Sii te stesso/a: L'abbigliamento deve rispecchiare la tua personalità, ma sempre mantenendo un tono professionale.

In conclusione, l'abbigliamento è un aspetto importante da considerare quando ti prepari per un colloquio. Scegliendo un outfit appropriato, trasmetterai un'immagine professionale e aumenterai le tue possibilità di successo.

5. L'importanza della puntualità durante un colloquio non può essere sottovalutata. Ecco come puoi sviluppare ulteriormente questo punto:

La Puntualità: Un Segno di Rispetto e Professionalità

Arrivare in orario al colloquio è un segnale chiaro di rispetto per il tempo degli altri e dimostra la tua professionalità. Un ritardo, anche di pochi minuti, può lasciare un'impressione negativa e compromettere le tue possibilità di successo.

Perché è così importante essere puntuali?

Trasmette professionalità: Dimostra che sei una persona affidabile e che rispetti gli impegni.

Crea una prima impressione positiva: Un candidato puntuale è percepito come organizzato e attento ai dettagli.

Dimostra interesse: Arrivando in orario, mostri che tieni al colloquio e che sei davvero interessato alla posizione.

Ti permette di iniziare il colloquio in modo sereno: Se arrivi con anticipo, hai il tempo di rilassarti e di prepararti mentalmente.

Come assicurarti di essere puntuale:

Pianifica il tuo percorso in anticipo: Utilizza un navigatore satellitare o un'app di mappe per conoscere il percorso e stimare i tempi di percorrenza.

Considera il traffico: Informati sulle condizioni del traffico e pianifica il tuo viaggio di conseguenza.

Prevedi eventuali imprevisti: Considera fattori come ritardi dei mezzi pubblici, lavori in corso o difficoltà nel trovare parcheggio.

Arriva con un po' di anticipo: Arrivare con 10-15 minuti di anticipo è l'ideale. Ti permetterà di rilassarti e di familiarizzare con l'ambiente.

Verifica l'indirizzo: Assicurati di avere l'indirizzo esatto del luogo del colloquio e di sapere come raggiungerlo.

Cosa fare se dovessi comunque ritardare:

Avvisa immediatamente: Se prevedi un ritardo, avvisa il tuo interlocutore il prima possibile.

Scusati sinceramente: Spiega brevemente il motivo del ritardo e scusati per il disagio causato.

Sii conciso/a: Evita di fornire troppi dettagli e concentrati sull'impegno a raggiungere il luogo del colloquio il prima possibile.

In conclusione, la puntualità è un aspetto fondamentale di ogni colloquio. Arrivando in orario, dimostri di essere una persona affidabile e professionale, aumentando così le tue possibilità di fare una buona impressione e di ottenere il lavoro desiderato.

6. Avere tutto il materiale necessario per un colloquio è fondamentale per trasmettere un'immagine di professionalità e organizzazione. Ecco come puoi sviluppare ulteriormente questo punto:

Porta con Te Tutto il Necessario: Preparati al Successo

Avere a portata di mano tutta la documentazione richiesta per un colloquio è un piccolo gesto che può fare una grande differenza. Non solo dimostra la tua organizzazione e attenzione ai dettagli, ma ti permette anche di essere pronto a rispondere a qualsiasi domanda del selezionatore.

Cosa portare:

Curriculum vitae: Assicurati che sia aggiornato e che corrisponda alle informazioni che hai fornito nella tua candidatura. Porta con te diverse copie.

Lista di referenze: Includi i nomi, le aziende, i ruoli e i recapiti delle persone disposte a fornire una referenza su di te.

Portfolio (se richiesto): Se lavori in settori creativi, porta con te un portfolio che mostri i tuoi lavori precedenti.

Blocco note e penna: Per prendere appunti durante il colloquio e annotare eventuali domande.

Documento d'identità: Potrebbe essere richiesto per accedere agli uffici dell'azienda.

Altre certificazioni: Qualsiasi certificazione o diploma che possa essere rilevante per la posizione.

Perché è importante portare tutto il necessario:

Dimostra organizzazione: Un candidato organizzato è più affidabile e professionale.

Ti fa sentire più sicuro: Avere tutto a portata di mano ti evita di perdere tempo a cercare documenti importanti.

Ti permette di rispondere a qualsiasi domanda: Se il selezionatore ti chiede di approfondire un punto del tuo curriculum, puoi farlo immediatamente.

Crea una buona impressione: Un candidato preparato e organizzato lascia un'ottima impressione.

Consigli aggiuntivi:

Organizza una cartellina: Utilizza una cartellina portadocumenti per tenere tutto in ordine.

Verifica i requisiti: Prima del colloquio, ricontrolla quali documenti sono specificamente richiesti.

Porta una copia extra: Nel caso in cui dovessi dimenticare qualcosa, avere una copia extra ti salverà.

In conclusione, portare tutto il materiale necessario è un piccolo gesto che può fare una grande differenza. Non sottovalutare l'importanza di questa semplice azione, che può contribuire in modo significativo al tuo successo.

7. Dimostrare interesse è fondamentale per fare una buona impressione durante un colloquio e aumentare le tue possibilità di successo. Ecco come puoi sviluppare ulteriormente questo punto:

Mostrare Interesse: La Chiave per il Successo

Oltre a gestire le emozioni e comunicare in modo efficace, è cruciale ***dimostrare un genuino interesse*** per il ruolo e l'azienda. Questo non solo ti farà distinguere dagli altri candidati, ma ti permetterà anche di ottenere informazioni preziose e di valutare se l'opportunità è davvero adatta a te.

Come dimostrare interesse:

Fai ricerche approfondite sull'azienda: Prima del colloquio, informati sulla storia, i valori, i prodotti/servizi e i recenti successi dell'azienda. Questo ti permetterà di porre domande mirate e dimostrare di aver fatto i compiti.

Collega le tue esperienze alle esigenze dell'azienda: Spiega come le tue competenze e le tue esperienze precedenti possono contribuire al raggiungimento degli obiettivi dell'azienda.

Poni domande pertinenti: Mostra il tuo interesse chiedendo dettagli sul ruolo, sulle responsabilità, sulle dinamiche di lavoro, sulle opportunità di crescita e sulla cultura aziendale.

Ascolta attentamente: Presta attenzione a ciò che il selezionatore ti dice e fai domande di approfondimento.

Esprimi entusiasmo: Dimostra che sei davvero motivato e che desideri far parte del team.

Esempi di domande pertinenti:

Sul ruolo:

"Quali sono le principali responsabilità di questa posizione?"

"Quali sono le sfide più significative che dovrò affrontare?"

"Quali sono gli obiettivi principali che dovrei raggiungere nel primo anno?"

Sull'azienda:

"Quali sono i valori fondamentali dell'azienda?"

"Come vede l'azienda evolversi nei prossimi anni?"

"Quali sono le opportunità di crescita professionale all'interno dell'azienda?"

Sul team:

"Come è strutturato il team con cui lavorerò?"

"Quali sono le dinamiche di lavoro all'interno del team?"

Perché è importante porre domande:

Dimostri interesse: Mostri che hai fatto i compiti e che sei davvero interessato alla posizione.

Ottieni informazioni preziose: Puoi chiarire dubbi e avere un quadro più completo dell'opportunità.

Ti differenzi dagli altri candidati: Dimostri proattività e curiosità.

Valuti se l'azienda fa al caso tuo: Capisci se i valori e la cultura aziendale sono in linea con le tue aspettative.

Consigli aggiuntivi:

Prepara una lista di domande: Questo ti aiuterà a non dimenticare nulla durante il colloquio.

Adatta le domande al contesto: Personalizza le tue domande in base alle informazioni che hai raccolto sull'azienda e sul ruolo.

Sii autentico/a: Le domande devono essere sincere e riflettere il tuo reale interesse.

In conclusione, mostrare interesse è un elemento fondamentale per fare una buona impressione durante un colloquio. Preparandoti in anticipo, ponendo domande pertinenti e mostrando entusiasmo, aumenterai le tue possibilità di successo e di trovare un lavoro che ti soddisfa.

8. Gestire le emozioni durante un colloquio è fondamentale per trasmettere sicurezza e competenza. Ecco come puoi sviluppare ulteriormente questo punto:

Gestire le Emozioni: Un Passo Verso il Successo

È del tutto naturale provare un po' di nervosismo prima o durante un colloquio. L'adrenalina scorre, il cuore batte un po' più forte... ma non disperare! Con un po' di preparazione e le giuste strategie, puoi trasformare questo nervosismo in un'energia positiva.

Perché è importante gestire le emozioni?

Trasmetti sicurezza: Un atteggiamento calmo e controllato comunica fiducia nelle tue capacità.

Migliori la comunicazione: Quando sei rilassato/a, riesci a esprimere al meglio le tue idee.

Crei un'impressione positiva: Un candidato sereno e sicuro di sé è più memorabile.

Come gestire il nervosismo?

Respira profondamente: La respirazione diaframmatica aiuta a calmare il corpo e la mente.

Visualizza il successo: Immagina il colloquio che va bene, questo ti aiuterà a sentirti più sicuro.

Prepara risposte alle domande più comuni: Avere già in mente alcune risposte ti darà più sicurezza.

Arriva in anticipo: Evita lo stress dell'ultimo minuto e trova un posto tranquillo per rilassarti.

Concentrati sul presente: Evita di pensare al passato o al futuro, focalizzati sul momento presente.

Parla lentamente e chiaramente: Questo ti darà il tempo di organizzare i tuoi pensieri.

Sorridi: Un sorriso trasmette positività e ti fa sentire più rilassato.

Consigli aggiuntivi:

Prenditi cura di te: Dormi bene la notte prima, fai una colazione equilibrata e indossa abiti comodi.

Osserva il linguaggio del corpo: Mantieni una postura eretta e aperta, evita di incrociare le braccia o le gambe.

Ascolta attentamente le domande: Prima di rispondere, assicurati di aver compreso la domanda.

Sii te stesso/a: L'autenticità è sempre apprezzata.

Ricorda: È normale essere nervosi, ma con le giuste strategie puoi trasformare questo nervosismo in un'opportunità per brillare.

9. Ecco alcune opzioni per riformulare il consiglio sulle buone maniere durante un colloquio, con un tocco più dettagliato:

Opzione 1: Enfasi sul linguaggio del corpo

Inizia con il piede giusto. Una stretta di mano decisa, un sorriso genuino e un contatto visivo diretto sono i primi passi per fare una buona impressione. Questi semplici gesti non verbali trasmettono sicurezza, professionalità e cordialità, creando un'atmosfera positiva sin dall'inizio del colloquio.

Opzione 2: Focus sull'importanza della prima impressione
La prima impressione conta. Un saluto caloroso, con una stretta di mano ferma e un sorriso, è il tuo biglietto da visita. Questi piccoli gesti, apparentemente banali, possono fare la differenza, trasmettendo fiducia nelle tue capacità e predisponendo positivamente l'interlocutore nei tuoi confronti.

Opzione 3: Collegamento tra linguaggio del corpo e comunicazione efficace
Communica anche senza parlare. Il linguaggio del corpo è potente: una stretta di mano decisa, un sorriso sincero e un contatto visivo diretto sono elementi fondamentali per una comunicazione efficace. Questi gesti non solo trasmettono sicurezza e professionalità, ma ti aiutano anche a creare un'empatia con l'interlocutore, facilitando lo scambio di informazioni.

Consigli aggiuntivi:

Mantieni una postura eretta e aperta: Comunica sicurezza e interesse.

Ascolta attivamente: Mostra attenzione a ciò che l'interlocutore sta dicendo.

Modula la tua voce: Una voce chiara e tonica trasmette energia e professionalità.

Evita gesticolazione eccessiva: Potrebbe distrarre l'interlocutore.

Perché è importante seguire queste indicazioni?

Crei una prima impressione positiva: Fondamentale per suscitare interesse nel tuo profilo.

Trasmetti sicurezza e professionalità: Qualità molto apprezzate in ambito lavorativo.

Faciliti la comunicazione: Un linguaggio del corpo aperto e positivo favorisce lo scambio di informazioni.

Dimostri interesse e coinvolgimento: Mostri di essere attento e concentrato sulla conversazione.

In sintesi, questi semplici gesti non verbali sono un potente strumento per comunicare la tua personalità e le tue competenze. Investi un po' di tempo per affinare il tuo linguaggio del corpo e vedrai che farà la differenza durante il tuo prossimo colloquio.

10. *Durante il colloquio:*

Stringi la mano con fermezza e guarda l'interlocutore negli occhi.

Ripeti il suo nome per mostrare attenzione.

Esprimi un sincero ringraziamento per il tempo dedicato e l'opportunità di conoscere l'azienda.

Riassumi brevemente i punti chiave della conversazione che ti hanno maggiormente interessato.

Ribadisci il tuo entusiasmo per la posizione e per l'azienda.

Chiedi quando puoi aspettarti una risposta.

Esempio di frase:

"La ringrazio molto per il suo tempo e per questa interessante conversazione. Sono rimasto/a particolarmente colpito/a dalla vostra attenzione all'innovazione e dalla possibilità di lavorare su progetti così stimolanti. Confermo il mio grande interesse per la posizione e sono davvero entusiasta all'idea di poter contribuire al successo del vostro team. Potrebbe dirmi quali sono i prossimi passi?"

Dopo il colloquio:
Invia un'email di ringraziamento entro 24 ore.

Personalizza il messaggio: menziona dettagli specifici del colloquio per dimostrare il tuo interesse e la tua attenzione.

Ribadisci i tuoi punti di forza e come possono essere utili all'azienda.

Conferma il tuo entusiasmo per la posizione e per l'azienda.

Renditi disponibile per eventuali ulteriori colloqui o domande.

Struttura dell'email:

Oggetto: Ringraziamento per il colloquio - [Titolo della posizione] - [Tuo nome]

Saluti: Gentile [Nome del selezionatore],

Primo paragrafo: Ringrazia per il colloquio e ribadisci il tuo interesse.

Secondo paragrafo: Menziona dettagli specifici del colloquio e ricollega le tue competenze alle esigenze dell'azienda.

Terzo paragrafo: Ribadisci la tua disponibilità e concludi con un saluto formale.

Esempio di email:

Gentile [Nome del selezionatore],

Le scrivo per ringraziarla nuovamente per avermi dedicato del tempo durante il colloquio di ieri per la posizione di [Titolo della posizione]. Sono rimasto/a molto colpito dalla sua descrizione del progetto [Nome del progetto] e credo che le mie esperienze in [Area di competenza] possano essere un valore aggiunto per il vostro team.

Come le accennavo, sono particolarmente appassionato/a di [Argomento di interesse] e ho sempre ammirato il modo in cui la vostra azienda affronta le sfide del settore. Sono convinto che le mie capacità di [Competenze chiave] mi permetterebbero di contribuire in modo significativo al raggiungimento degli obiettivi del team.

La ringrazio nuovamente per la sua considerazione e resto a sua completa disposizione per qualsiasi ulteriore informazione.

Cordiali saluti,

[Tuo nome] [Tuo recapito telefonico]
[Tua email]

Consigli aggiuntivi:
Adatta il tono e il linguaggio al tipo di azienda e alla posizione.
Utilizza un linguaggio formale e professionale.
Correggi attentamente gli eventuali errori grammaticali.
Invia l'email da un indirizzo email professionale.
Perché è importante inviare un'email di ringraziamento?
Ti distingue dagli altri candidati.
Dimostra il tuo interesse e la tua professionalità.
Ti offre l'opportunità di ribadire i punti chiave del colloquio.
Può aprire la porta a ulteriori discussioni.

Come Gestire il Networking

Introduzione

Il networking è una delle competenze più importanti nel mondo professionale. Costruire e mantenere una rete di contatti può aprire porte a nuove opportunità, favorire la crescita professionale e fornire supporto e mentorship. In questo capitolo, esploreremo le strategie chiave per gestire il networking in modo efficace.

1. *Definire i Propri Obiettivi*

Prima di iniziare a costruire la tua rete, è fondamentale avere chiari i tuoi obiettivi professionali. Chiediti:

> *Quali sono i tuoi obiettivi a breve e lungo termine?*
> *In quali settori o ambiti desideri crescere?*
> *Che tipo di contatti potrebbero aiutarti a raggiungere questi obiettivi?*

2. *Partecipare a Eventi di Networking*

Partecipare a eventi di networking è un ottimo modo per incontrare nuovi professionisti. Alcuni suggerimenti includono:

> ***Conferenze e Seminari:*** Partecipa a eventi rilevanti per il tuo settore.
> ***Eventi di Settore:*** Fiere, mostre e incontri di settore sono ottime occasioni per fare nuove conoscenze.
> ***Eventi Aziendali:*** Partecipa a eventi organizzati dalla tua azienda o da aziende partner.

3. *Utilizzare i Social Media Professionali*

I social media professionali, come LinkedIn, sono strumenti potenti per costruire e mantenere relazioni. Alcuni suggerimenti includono:

> ***Creare un Profilo Professionale:*** Assicurati che il tuo profilo sia completo, aggiornato e professionale.
> ***Connettersi con Altri Professionisti:*** Invia richieste di connessione a colleghi, clienti e altri professionisti del tuo settore.
> ***Partecipare a Gruppi di Discussione:*** Unisciti a gruppi di discussione rilevanti e partecipa alle conversazioni per aumentare la tua visibilità.

4. *Offrire Valore*

Offrire valore agli altri è essenziale per costruire relazioni professionali solide. Alcuni suggerimenti includono:

> ***Condividere Conoscenze e Competenze:*** Offri il tuo aiuto e le tue competenze per supportare gli altri.
> ***Fornire Risorse Utili:*** Condividi articoli, libri e altre risorse che possono essere utili ai tuoi contatti.
> ***Essere un Buon Ascoltatore:*** Ascolta attentamente le esigenze e le preoccupazioni degli altri e cerca di offrire soluzioni.

5. *Mantenere il Contatto*

Mantenere il contatto con i tuoi contatti è fondamentale per mantenere relazioni professionali solide. Alcuni suggerimenti includono:

> ***Inviare Messaggi di Follow-Up:*** Dopo aver incontrato qualcuno a un evento, invia un messaggio di follow-up per mantenere il contatto.

Organizzare Incontri Periodici: Pianifica incontri periodici, come pranzi o caffè, per mantenere viva la relazione.
Utilizzare i Social Media: Interagisci con i tuoi contatti sui social media, commentando e condividendo i loro post.

6. *Essere Autentici e Genuini*

La genuinità è fondamentale nel networking. Cerca di essere te stesso e di costruire relazioni basate sulla fiducia e il rispetto reciproco. Le relazioni autentiche sono quelle che durano nel tempo e che portano i maggiori benefici.

Conclusione

Gestire il networking richiede tempo e impegno, ma i benefici che ne derivano possono essere enormi. Seguendo queste strategie, sarai in grado di costruire e mantenere una rete professionale solida e di successo.

Come rimanere motivati e raggiungere i propri obiettivi

Riassumendo

Come Rimanere Motivati e Raggiungere i Propri Obiettivi

Rimanere motivati e raggiungere i propri obiettivi a lungo termine può sembrare una sfida, ma con le giuste tecniche e strategie, è possibile mantenere alta la motivazione e realizzare i propri sogni. Ecco alcune tecniche efficaci per aiutarti a mantenere la motivazione e raggiungere i tuoi obiettivi:

1. Definisci Obiettivi Chiari e Realistici

> *Specifici:* Gli obiettivi devono essere chiari e ben definiti. Ad esempio, invece di dire *"voglio essere in forma"*, specifica *"voglio perdere 5 kg in tre mesi"*.
>
> *Misurabili:* Assicurati che i tuoi progressi possano essere misurati. Questo ti aiuterà a vedere quanto sei vicino al raggiungimento del tuo obiettivo.
>
> *Raggiungibili:* Gli obiettivi devono essere realistici e raggiungibili. Evita di impostare obiettivi troppo ambiziosi che potrebbero scoraggiarti.
>
> *Rilevanti:* Gli obiettivi devono essere importanti per te e allineati con i tuoi valori e desideri.
>
> *Temporizzati:* Stabilisci una scadenza per i tuoi obiettivi. Questo ti aiuterà a mantenere il focus e a lavorare con un senso di urgenza.

2. Crea un Piano d'Azione

Passi Piccoli e Gestibili: Suddividi i tuoi obiettivi in piccoli passi gestibili. Questo renderà il processo meno intimidatorio e più realizzabile.

Prioritizza: Identifica le attività più importanti e concentrati su di esse. Evita di disperdere le tue energie su troppe cose contemporaneamente.

Monitora i Progressi: Tieni traccia dei tuoi progressi regolarmente. Questo ti aiuterà a rimanere motivato e a fare eventuali aggiustamenti al tuo piano.

3. *Mantieni la Motivazione*

Visualizzazione: Immagina te stesso/a mentre raggiungi i tuoi obiettivi. La visualizzazione può aumentare la tua motivazione e rafforzare la tua determinazione.

Ricompense: Premiati per i piccoli successi lungo il percorso. Questo ti darà un senso di realizzazione e ti motiverà a continuare.

Affronta le Sfide: Accetta che ci saranno ostacoli lungo il percorso. Preparati mentalmente ad affrontarli e a superarli.

4. *Cerca Supporto*

Condividi i Tuoi Obiettivi: Parla dei tuoi obiettivi con amici, familiari o colleghi. Il loro supporto può essere una fonte di motivazione e incoraggiamento.

Trova un Mentore: Un mentore può offrirti consigli preziosi e guidarti nel tuo percorso.

Gruppi di Supporto: Unisciti a gruppi o comunità che condividono i tuoi stessi obiettivi. Il supporto reciproco può essere molto motivante.

5. Mantieni una Mentalità Positiva

Autodisciplina: Coltiva l'autodisciplina e la resilienza. Ricorda che la perseveranza è la chiave per raggiungere i tuoi obiettivi.

Impara dagli Errori: Vedi gli errori come opportunità di apprendimento. Ogni fallimento è un passo verso il successo.

Rimani Flessibile: Sii disposto/a a modificare i tuoi piani se necessario. La flessibilità ti aiuterà a adattarti ai cambiamenti e a rimanere sulla strada giusta.

6. Rivedi e Adatta i Tuoi Obiettivi

Valutazione Periodica: Rivedi i tuoi obiettivi regolarmente per assicurarti che siano ancora rilevanti e raggiungibili.

Adattamento: Non aver paura di modificare i tuoi obiettivi se le circostanze cambiano. L'importante è rimanere focalizzati sul tuo percorso.

www.ingramcontent.com/pod-product-compliance
Lightning Source LLC
Chambersburg PA
CBHW070145230526
45471CB00002B/521